Hans-Josef Kasper

Sängerschulung

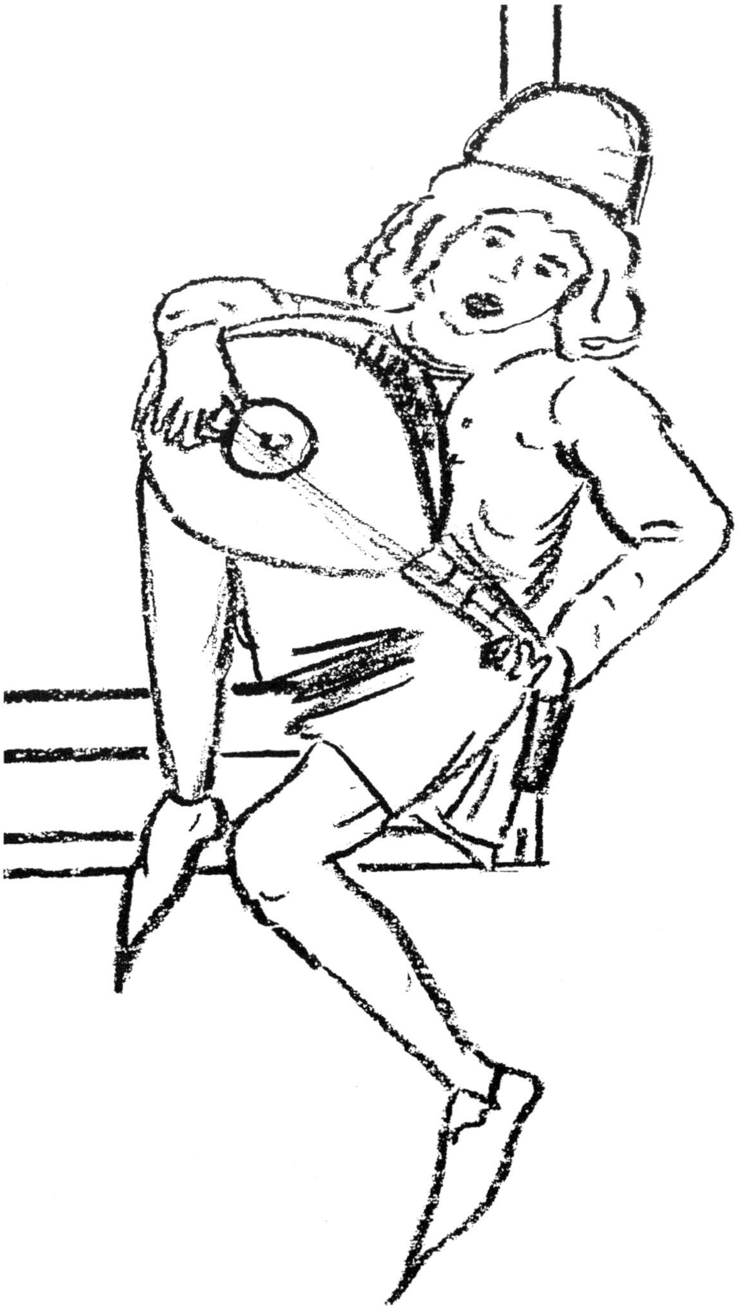

Körper-, Atem- & Stimmübungen

1. Auflage

Herausgeber Hans-Josef Kasper

Gestaltung, Layout und Drucksatz Hans-Josef Kasper

Zeichnungen André Judae

Cover-Zeichnung Martina Wiemers-Lorenz

Druck und Verarbeitung Verlag Burr
66620 Otzenhausen

ISBN 3-9802717-6-5

Inhaltsverzeichnis

Vorwort

Am Anfang dieser Ausarbeitung sei dringlich darauf hingewiesen, daß sich innerhalb des klassischen Kunstgesangs im Laufe der Zeit verschiedene gesangstechnische Systeme durchgesetzt haben. Welches nun für einen Sänger anwendbar ist, hängt in erster Linie von seiner anatomischen Beschaffenheit und dem Grundklang der Stimme ab. Naturstimmenphänomene besitzen von Natur aus meist eine tiefgebaute Kehle. Der Stimmklang erscheint anfänglich eher etwas mulmig. Sie benötigen eine breite Mundstellung mit etwas angehobenen Bäckchen, was die Kehle nach oben bringt und das Klangspektrum der Stimme von der dunkleren Seite her ausgleicht. Das nachfolgend beschriebene System zielt in erster Linie auf Normalstimmen, die öfter vorkommen und von Natur aus meist eine hochgebaute Kehlstellung haben, deren Stimmen anfänglich eher hell und offen klingen. Sie müssen in erster Linie an einer Kehltiefstellung arbeiten, was den Stimmklang rundet. Diese Technik wird in dieser Ausarbeitung beschrieben. Die schmale, ovale Mundstellung innerhalb der Resonanzausnutzung spielt hier eine zentrale Rolle. Der Gesangspädagoge muß jeweils seinen Unterricht so gestalten, daß nicht nach einem sogenannten "Schema F" gearbeitet wird, sondern individuell nach den Bedürfnissen des Schülers.

Qualitativ hochwertiger Gesang resultiert hauptsächlich aus dem künstlerischen Zusammenspiel von 4 körperlichen Funktionsbereichen, die im Idealfall von der Psyche des Sängers gesteuert werden.

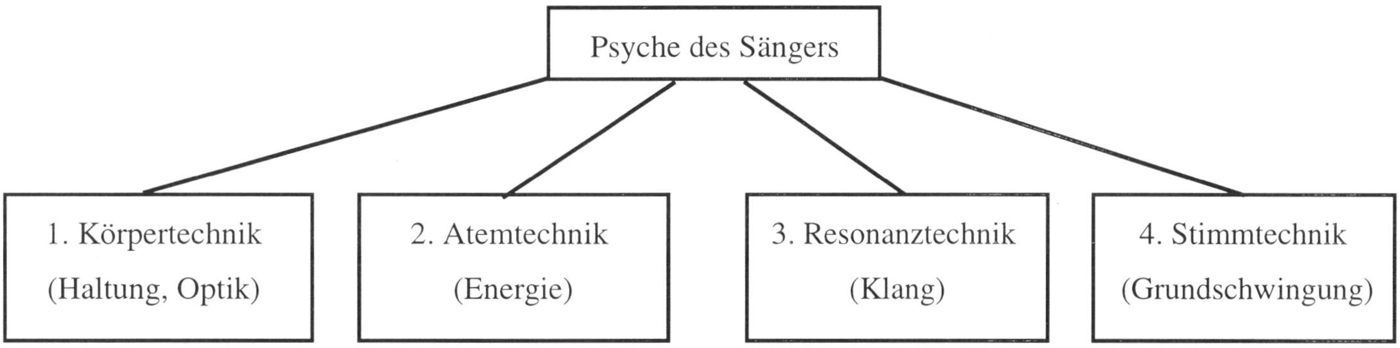

Durch eine vorplanende Klang- und Interpretationsidee wird ein genauer Bewegungsablauf und ein ausgewogenes Zusammenspiel automatisch erreicht. Überwiegt ein Teilmechanismus, entsteht eine Unbalance, die Stimme verliert ihren idealen Klang. Dies entsteht, wenn der Sänger während des Singens seine Konzentration aufgibt. Das heißt: Er denkt nicht mehr vorplanend an das, was die Stimme klanglich ausdrücken soll, was meist durch Ängste, z. B. vor hohen Tönen, ausgelöst wird.

Der Mensch besitzt leider nur ein monohaftes Denkverhalten und kann aufgrund dessen nicht gleichzeitig an die 4 Funktionsbereiche und ihre komplizierten Bewegungsabläufe denken. Der weniger talentierte Schüler braucht lange Zeit der Übung, um allmählich seinen Stimmklang zu entwickeln, was anfänglich meist nicht ohne Mechanik geht. Der hochbegabte oder erfahrene Sänger benötigt kein mechanisches Denken, er unterliegt während des Gesangs automatisch einer genauen Klang- und Interpretationsidee. Er kanalisiert seine Konzentration immer auf das, was er gerade singt und plant gedanklich vor. Das heißt genau: Er ist in der Lage, mit einer Klang- und Interpretationsidee das zu Singende vorher genauso vorzuhören und zu erfassen, wie es die Stimme Bruchteile von Sekunden später ausdrücken soll.

Während des Gesangs erklingt immer die Gedanken- und Gefühlswelt des Sängers, seine Psyche. Ungeordnete oder keine Gedanken ergeben dementsprechende Klangergebnisse. Bei Laiensängern ist oft feststellbar, daß sie während des Singens nicht an das denken, was sie gerade tun.

Wie kann man dies erlernen:

Das Problem liegt darin, daß Gesang mechanisch gesehen das Ergebnis vieler körperanatomischer Funktionsweisen ist, die sich hauptsächlich als gesangliches Ordnungsprinzip aus Körper-, Atem-, Resonanzraum- und Stimmtechnik zusammensetzen, einem genauen Bewegungsablauf unterliegen und gleichzeitig ausgeglichen zusammenarbeiten müssen.

Der Schüler kann nicht gleichzeitig an die 4 verschiedenen Teilbereiche denken, da kein Mensch 2 Gedanken gleichzeitig denken kann. Niemand kann ja auch 2 Gesprächspartnern gleichzeitig zuhören und ihre beiden Reden gedanklich zusammen aufnehmen und verarbeiten. Man muß lernen, übergeordnet zu denken. Anfängliche Gedanken an z. B. Atemtechnik, Resonanzausnutzung oder Stimmbandansatz müssen nach und nach von einer einfachen Klang- und Interpretationsidee übernommen werden.

Durch vorheriges Erfassen des zu Singenden mit einem Monogedanken regelt der Körper die notwendigen mechanischen Bewegungsabläufe vollautomatisch.

Die verschiedenen Gründe, warum die meisten Schüler anfänglich noch keinen idealen Stimmklang besitzen, sind für mich darauf zurückzuführen, daß sie vielleicht anatomisch nicht ganz ideal gebaut sind, keine große Konzentrationsfähigkeit besitzen, gedanklich nicht bei der Sache sind, sich psychisch nicht öffnen können, sich ihren Stimmklang nicht gedanklich vorstellen können, nicht automatisch wissen, an was sie vor der Tonproduktion denken sollen oder mit ihrem Stimmklang zufrieden sind und an ihn keine erhöhte künstlerische Forderung stellen. Ich halte für einen Schüler, dessen Stimmklang anfänglich noch nicht ideal ausgeprägt ist, die mechanische Methode als Lernweg für angesagt.

Viele Schüler müssen ihrem Gehirn über das mechanische Erarbeiten der einzelnen Teilbereiche das verbesserte Klangmuster ihrer Stimme sozusagen vorführen und hoffen, daß dieses sich mit der Zeit einprägt und übernommen wird. Später dann ist es in vielen Fällen möglich, auf das im Gehirn Gespeicherte zurückzugreifen, um die mechanischen Vorgänge automatisch umgekehrt ablaufen zu lassen. Zum besseren Verständnis zwei einfache Sätze.

1. An die Mechanik denken ergibt das Klangbild, welches im Gehirn gespeichert werden kann. (Lernweg für weniger talentierte Anfänger.)

2. An das Klangbild denken ergibt die Mechanik automatisch. (Lernweg für talentierte und fortgeschrittene Sänger.)

In den Übungsteilen sollen viele von mir in der Praxis vollzogenen Erfahrungen über gesangstechnische Problemstellungen an Hand von praktischen und nachvollziehbaren Übungen aufgezeigt werden. Wichtig ist nicht in erster Linie die Quantität, sondern hauptsächlich die Qualität der Übungen sowie deren richtige Ausführung. Für den Schüler ist es wichtig, die jeweiligen Übungen mit dem Gehör zu überwachen, damit das Gehirn lernt, differenzierte Klangfarben zu erfassen und zu verarbeiten. So erst kann der Gesang allmählich von der geistigen Ebene übernommen werden. Vollführt der Schüler die Übungen ohne Konzentration und geistige Verarbeitung, kann kein Singen von der geistigen Ebene erlernt werden. Er wird somit wenig erreichen, da die Stimme durch automatisiertes Singen immer nur Ungenaues und Zufälliges ausführt. Ich habe bewußt nur wenige, jedoch wichtige Übungen ausgewählt und beschrieben, um den Schüler nicht mit vielen unterschiedlichen, ähnlich zielgerichteten Übungen zu verwirren und womöglich seine Entwicklung zu behindern.

Es sei noch darauf hingewiesen, daß die Ausführung der beschriebenen Übungen in jedem Fall von einem wissenden Gesangspädagogen zu überwachen ist, um Fehlverhalten zu vermeiden.

Die Darstellung verschiedener gymnastischer Übungen soll zur Optimierung der Haltung, zum Training für Körper und Kreislauf, zur Kräftigung, Dehnung und Lockerung der beim Singen beteiligten Muskulaturgruppen sowie zur Unterstützung der körper- und stimmanatomischen Funktionsweisen dienen.

Des weiteren sollen Atemübungen helfen, die für diesen Bereich verantwortlichen Muskelgruppen zu kräftigen und in ihren anatomischen Funktionsabläufen zu verbessern und abzustimmen. Resultat ist eine Optimierung der Tongebung.

Stimmübungen sollen die Atem- und Stimmuskulatur kräftigen, flexibilisieren und die zum Gesang notwendigen Funktionsmechanismen durch geistige Verarbeitung einer Klang- und Interpretationsidee aufeinander abstimmen.

Es wäre ratsam, die aufgeführten Übungen auszugsweise zum regelmäßigen Bestandteil einer Unterrichtsstunde oder Einsingphase zu machen und sich ihrer vor dem eigentlichen Literatursingen zu bedienen. Die Übungen ergeben dann einen Sinn, wenn sie gedanklich vorgeplant und ihre richtige Ausführung mit dem Gehör kontrolliert wird.

Diese Ausarbeitung legt den Schwerpunkt auf Übungen und beschreibt deshalb die wichtigsten technischen Hauptbereiche des Gesangs als grobes Raster. Tiefere Einblicke in die Materie verleiht mein Buch "Stimmphysiologie und Stimmpsychologie für Sänger" (ISBN 3-9802717-2-2) erschienen im Burr-Verlag, In der Allwies, 66620 Nonnweiler-Otzenhausen.

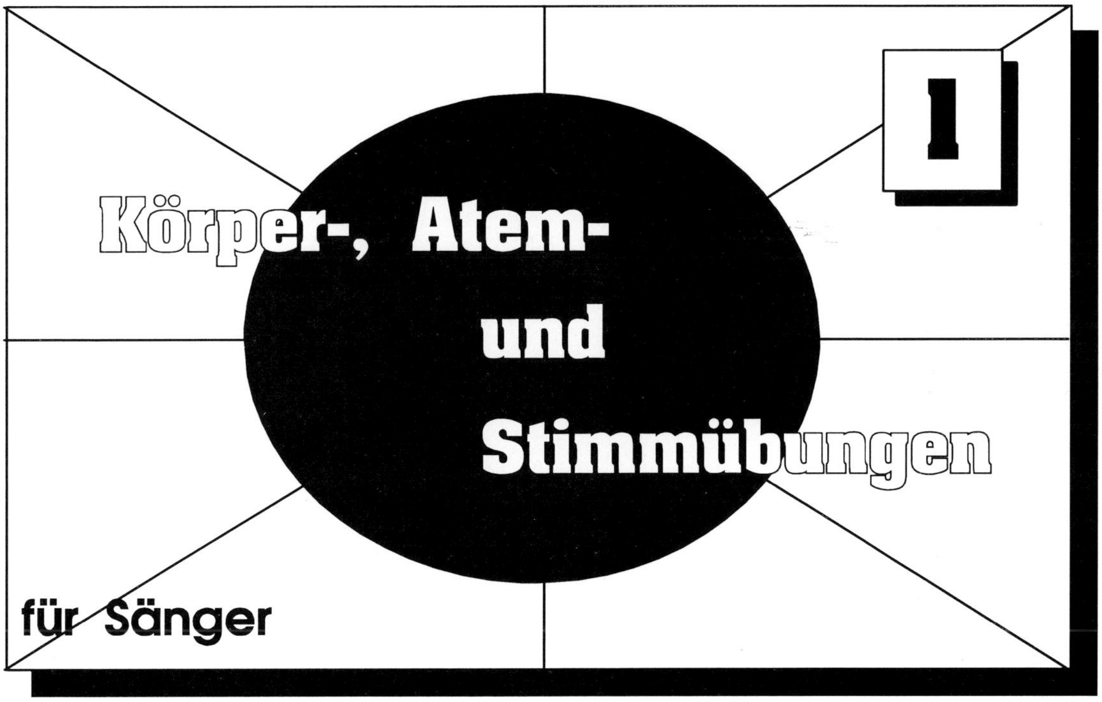

Körpertechnik

Körpertechnik

Soll sich ein Ton beim Gesang frei entfalten, ist dazu eine ausgewogene und gerade Körperhaltung von Bedeutung. Richtige Atmung und Stütze kann nur durch eine korrekte Körperhaltung funktionieren (gerade, aufrechte Haltung).

Falsche Haltung, stehend und sitzend

1. Stehend:

Man stößt auf die unterschiedlichsten Erscheinungsformen, z. B. krumme, gebückte Haltung, hochgezogene oder nach vorne gedrückte Schultern. Eine verkrampft geschlossene Brust ist die Folge und das freie Strömen des Atems wird behindert. Oft sind durchgedrückte Knie, eine verkrampfte Gesichtsmuskulatur sowie starre und steife Arme und Beine zu verzeichnen usw.

2. Sitzend:

Häufig tritt die krumme, schlaff hängende Haltung im Sitzen auf. Dies ist die ungünstigste Haltung zum richtigen Atmen, da alle beteiligten Funktionen durch das Zusammenschrumpfen des Körpers beeinträchtigt werden und nicht mehr richtig funktionieren; die Tonqualität ist erheblich eingeschränkt. Die Kehle wird durch den zusammengedrückten Körper zugeschnürt. Deswegen können die Stimmbänder nicht frei schwingen. Die Einstellmuskulatur des Kehlkopfes und der Stimmbänder muß deshalb ein Mehrfaches an Arbeitsaufwand betreiben, was sie auf Dauer schädigen kann. Darüber hinaus ist mit einer verengten Kehle keine ausreichende Resonanzausnutzung möglich.

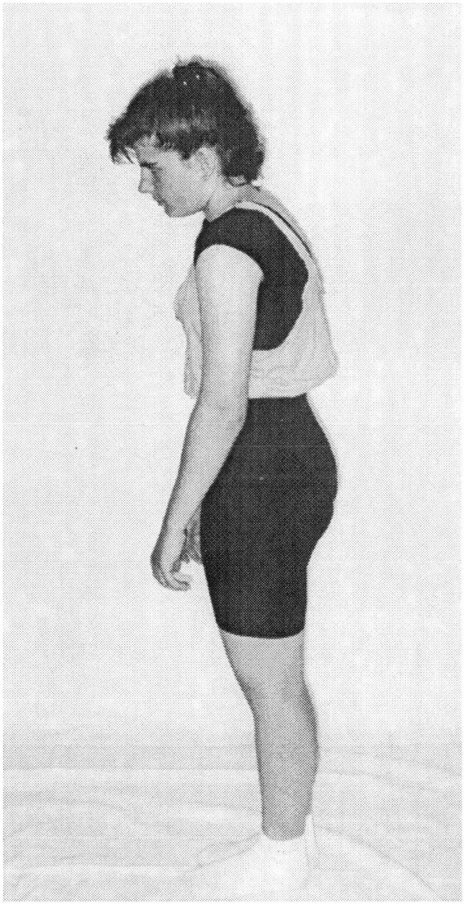

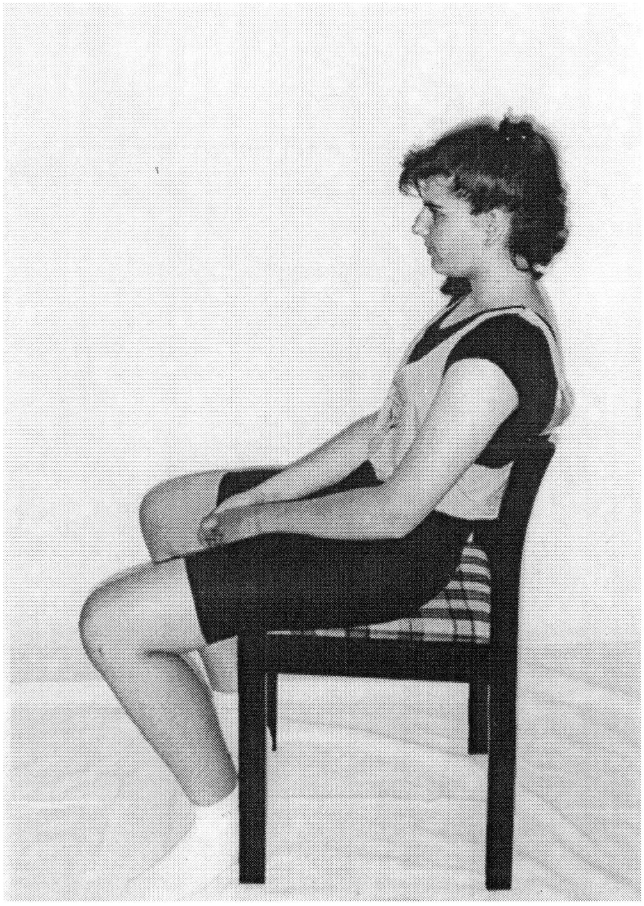

Richtige Haltung, stehend und sitzend

Öffnen des ganzen Körpers: Man sollte schon bei richtiger Einatmung das Gefühl haben, daß sich der ganze Körper über den Nasen-, Mund- und Brustraum bis in die Zehenspitzen weit öffnet, als wolle man den ganzen Raum ausnutzen, in dem man sich gerade befindet. Dabei ist eine gute, gerade Körperhaltung anzuraten nach dem Slogan: Bauch rein, Brust raus, Po zusammenkneifen, Kopf und Augen horizontal halten, Beine entweder etwas breiter nebeneinander oder versetzt (d. h. ein Bein weiter vorne als das andere,

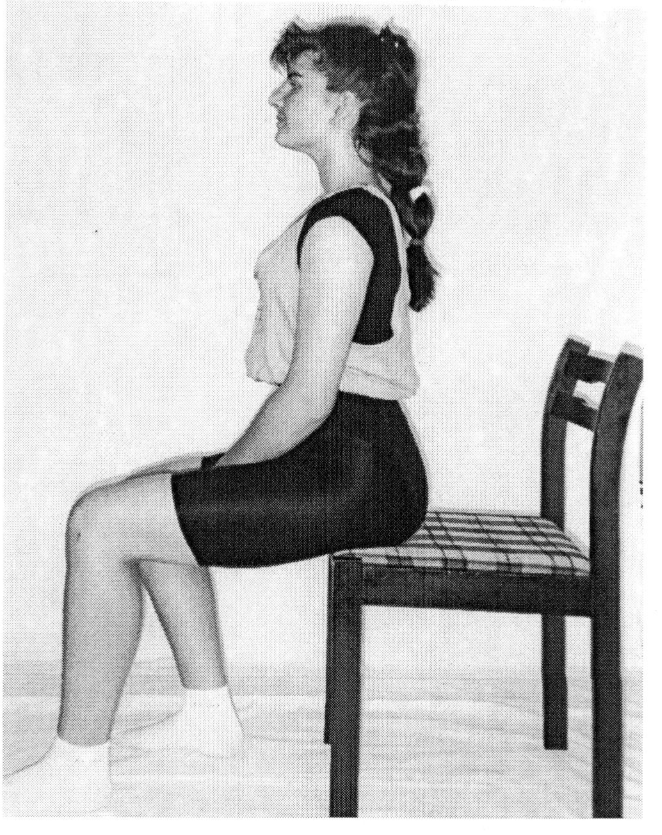

Standbein-Spielbein). Die Knie sind immer leicht gebeugt und nicht ganz durchgedrückt. Die Schultern stehen ein wenig zurück; man bekommt dadurch das Gefühl einer geöffneten und leicht angehobenen Brust. Der ganze Körper muß eine leicht zurücklehnende Haltung haben, die ohne Verkrampfung zu entstehen hat. Der Körper muß Ruhe ausstrahlen, darf nicht pendeln, sollte immer eine gerade Achse bilden. Die Gestik des Sängers wirkt dann natürlich, wenn sie von der Gefühlswelt (Psyche) gesteuert und nicht mechanisiert wird. Eine positive Geisteshaltung begünstigt eine gute Haltung beim Singen, so daß sich erst die Persönlichkeit des Sängers entfaltet, was Ausstrahlung schafft. Ein Öffnen des Körpers kann man auch durch positive Suggestion erreichen, sprich Wohlbefinden; so ist richtiges Loslassen und freies Strömen der Stimme möglich.

Im Sitzen muß darauf geachtet werden, daß der Sänger ziemlich weit vorne, zur Stuhlkante hin aufrecht, mit leichtem Hohlkreuz, dennoch ganz gerade sitzt; die Füße sind ein wenig versetzt, d. h. ein Fuß steht vor dem anderen. Die Schultern dürfen nicht hochgehen.

Körperübungen

(Zur Lockerung bestimmter Muskelgruppen)

Oft ist festzustellen, daß bei Sängern in erster Linie die Muskulaturgruppen des oberen Rücken- und Nackenbereichs sowie des vorderen Brust- und Halsbereichs verspannt sind. Es ist sinnvoll, diese Bereiche durch spezielle gymnastische Übungen besonders zu dehnen und zu lockern. Bei Verspannungen ist ein freies Schwingen der Stimmbänder, somit ein freies Strömen des Stimmklangs verhindert.

1. Übung (stehend):

Hängeübung des Oberkörpers. Der Körper ist wie eine Marionette an einem Faden am oberen Rückenwirbel aufgehängt. Die Schultern hängen schlaff. Läßt man imaginär den Faden los, fällt der Oberkörper locker nach vorne. Dabei ist auszuatmen. Es dürfen in den vorher angesprochenen Bereichen keine Muskelspannungen vorhanden sein. Der Kopf soll, am unteren Punkt angekommen, leicht pendeln, die Schultern können durch Anziehen lockernd bewegt werden. Zur Entspannung der inneren Halsmuskulatur kann zusätzlich ein stimmhaftes Lippen- oder Zungenvibrato (Brrrrr od. Rrrrrr) gemacht werden. Nach Lockerung des Oberkörpers innerhalb einiger Sekunden zieht man diesen an dem gleichen imaginären Marionettenfaden in einer weich fließenden Bewegung wieder nach oben. Die Schultern müssen immer nach unten hängen, der Kopf darf erst in der Endphase der Aufrichtbewegung hochkommen. Die Übung ist mehrfach zu wiederholen.

2. Übung (stehend):

Schultern lockern. Stehend erfolgt ein leichtes Springen, die Schultern wippen locker auf und ab. Auch hier kann gleichzeitig das stimmhafte Lippen- oder Zungenvibrato (Brrrrr od. Rrrrrr) mitgemacht werden. Die Übung sollte mehrmals wiederholt werden.

3. Übung (stehend):

Pendeln des Oberkörpers. Diese Übung ist gut geeignet, die gerade Körperachse zu finden, d. h. den Punkt, an dem der Schüler ohne großen Balanceaufwand gerade steht. Die Füße haben einen leichten Breitstand, und der ganze Körper pendelt nach vorne, hinten, rechts, links, kreist, und sucht sich dann nach und nach den sogenannten toten Punkt: Die gerade Körperachse. Die Balance ist mit geringstem Muskelaufwand erreicht.

4. Übung (sitzend):

Dehnung der Hals- und Schultermuskulatur. Diese Übung ist gut geeignet, Verspannungen der Schultermuskulatur und Verengungen des Halses zu lösen, die Luft vermag ungehindert zu strömen. Man setzt sich dazu in vorgeschriebener Haltung auf einen Stuhl, faßt mit der rechten oder linken Hand an der Sitzfläche unter und zieht den Kopf in einer runden, entgegengesetzten, mehrmals nachfedernden Bewegung zur anderen Seite. Exakt der gleiche Vorgang ist ebenso mit der anderen Seite zu wiederholen. Hierbei ist ein leichtes Ziehen in der Hals- Schultergegend spürbar. Mehrere Wiederholungen sind abwechselnd rechts und links zu praktizieren.

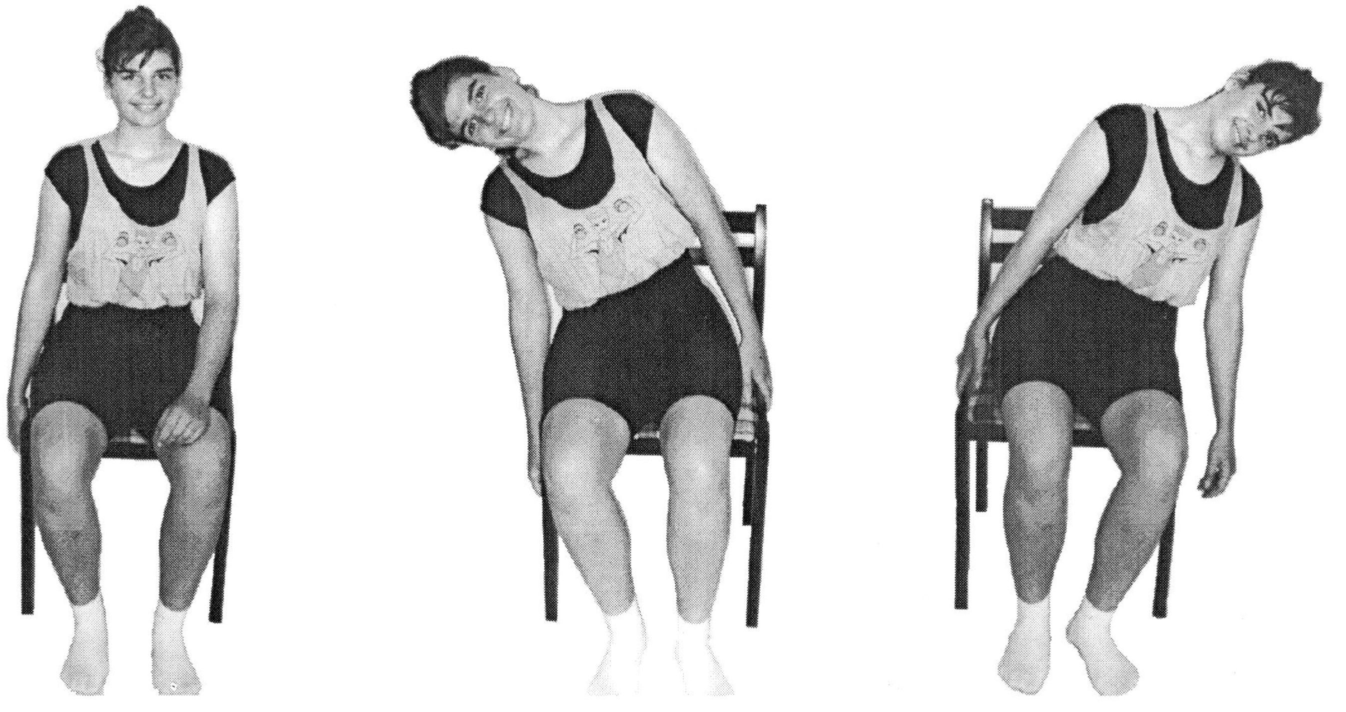

5. Übung (sitzend):

Lockerung der Nackenmuskulatur. Nach vorgeschriebener Sitzhaltung sind die Füße nebeneinander, die Knie auseinander zu stellen. Der Oberkörper ist vorzubeugen, die Ellbogen auf die Knie zu stützen. Der Kopf macht eine pendelnde Durchschwingbewegung von rechts oben nach links oben, so daß der Blick einmal nach rechts, einmal nach links seitlich oben wandert. Diese Übung sollte man auch mehrmals wiederholen.

Körper-, Atem- und Stimmübungen

für Sänger

2

Atemtechnik

Atemtechnik

Die Frage, warum der Sänger eine bestimmte Atemtechnik erlernen muß, kann einfach beantwortet werden. Nur die richtige Atemmechanik (Zwerchfell-Flankenatmung) erlaubt eine Steuerung des Atemdrucks. Unterschiedliche Tonhöhen resultieren aus verschiedenen Stimmbandspannungen und Kompressionen. Je höher die Töne und somit Stimmbandspannungen und Kompressionen sind, je stärker muß der Atemdruck sein, um die Stimmbänder immer sauber zu bewegen. Um Schädigungen der Stimmbandmuskulatur vorzubeugen, sollte ständig ein ausgewogenes Balanceverhältnis von Atemdruck einerseits und Stimmbandspannung und Stimmbandschluß (Kompression) andererseits angestrebt werden. Gesteuert wird die Atmung von ganz bestimmten Muskelpartien:

1. Das Zwerchfell für die Ein-, Ausatmung und Atemenergie.

2. Die Bauch- und Lendenmuskulatur als Hilfsmuskel für die Atemenergie.

Die für die Atmung verantwortlichen Muskeln müssen durch bestimmte Übungen gekräftigt werden.

Der Atem transportiert und überträgt den von den Stimmbändern erzeugten Grundton in die Resonanzräume. Dort kommt dann der Ton durch Verstärkung der Obertöne zum Klingen und sein Volumen entfaltet sich.

Wissenschaftliche Erklärung der richtigen Atemfunktion:

Im Brustraum herrscht medizinisch gesehen ein Unterdruckverhältnis ähnlich eines Vakuums. Brust- und Bauchraum werden durch das Zwerchfell, einen relativ dünnen Muskellappen, getrennt. Bei normaler Ausatmung wird das Zwerchfell durch das Unterdruckverhältnis im Brustraum automatisch zu zwei Kuppeln hochgezogen (Vakuumeffekt). Der Brustraum verkleinert sich und die darin liegenden Lungenflügel werden indirekt teilweise ausgepreßt (passiver Prozeß).

Bei der Einatmung wird der Brustraum durch das Absenken und Abflachen des Zwerchfells vergrößert, so daß sich die Lunge durch den Vakuumeffekt automatisch, je nach Brustraumzuwachs, indirekt mit Luft füllt (aktiver Prozeß).

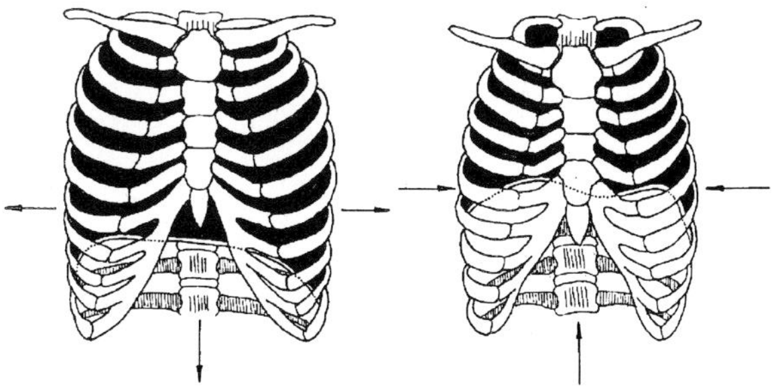

Vergrößerung und Verkleinerung des Brustraumes durch das Zwerchfell bei der Einatmung (links) und bei der Ausatmung (rechts).

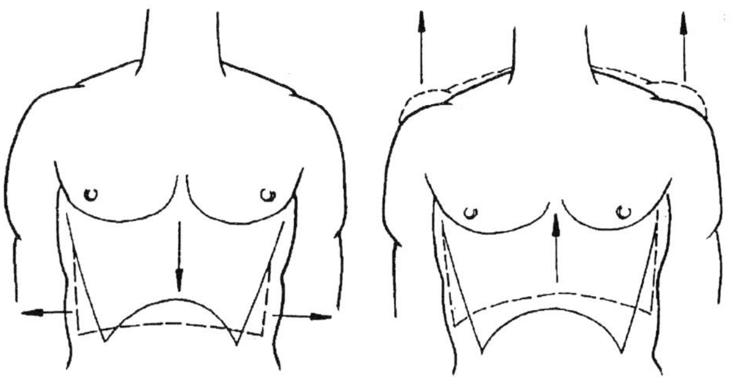

*Richtiges Einatmen (links)
Falsches Einatmen (rechts)*

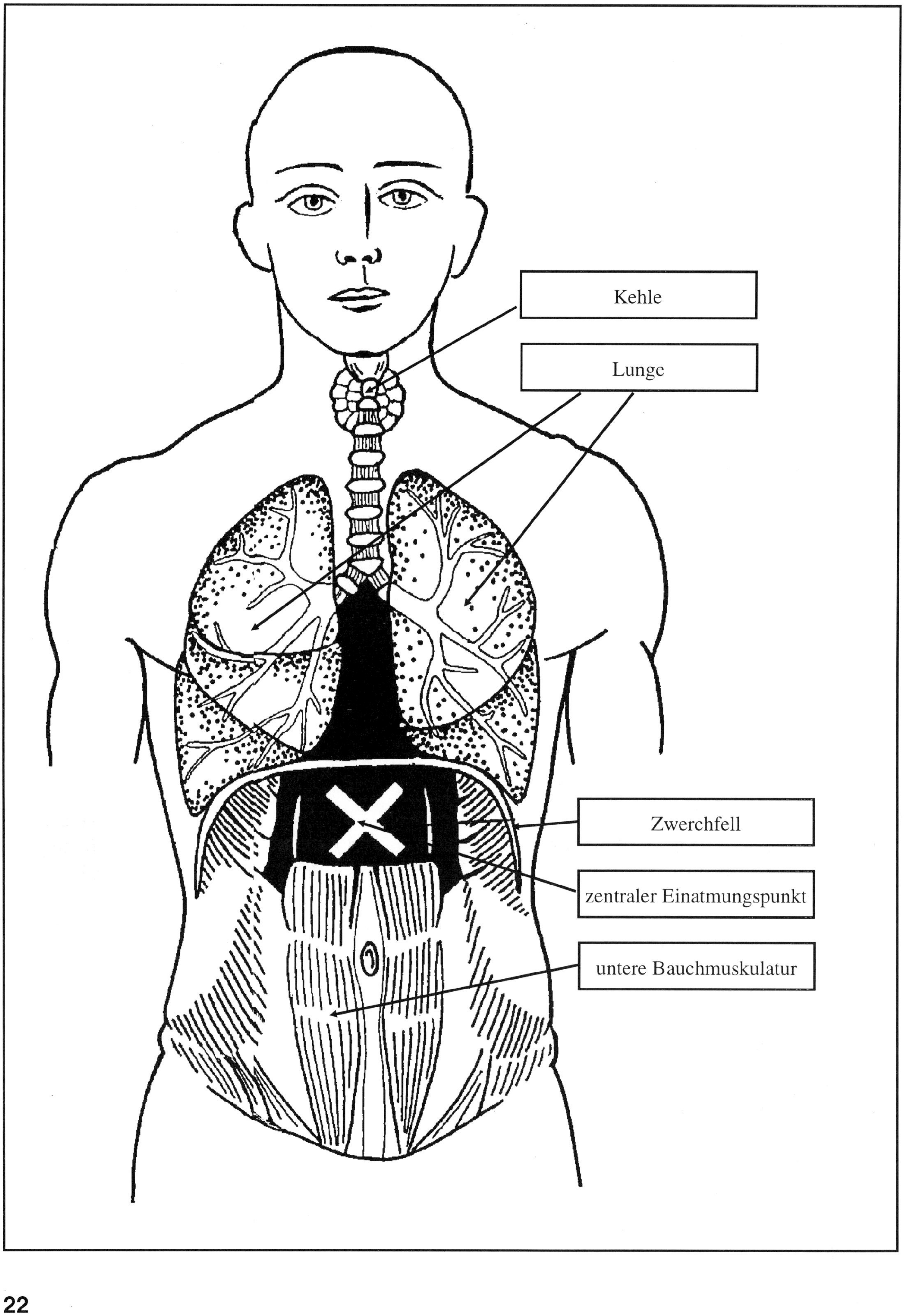
Kehle
Lunge
Zwerchfell
zentraler Einatmungspunkt
untere Bauchmuskulatur

Nachvollziehbare Erklärung der Atemfunktion:

Das Atemansaugen übernimmt das Zwerchfell durch sein Absenken. Der genaue Punkt liegt in der Verbindung zwischen Brustkorb und Bauch, ca. 5 - 10 cm unter der Stelle, wo die Rippen auseinandergehen (= zentraler Einatmungspunkt). Beim Einatmen dehnt sich der Körper von dieser Stelle in einem Ring bis in die Flanken im Seiten- Rückenbereich aus. Die Bauchdecke hebt und weitet sich in diesem Bereich bis zum Brustansatz, und die Flanken im Seiten-Rückenbereich dehnen sich aus. Bei dieser Bewegung dürfen die Schultern nicht anheben, denn damit hätte man die Atmung zu hoch eingestellt. Die nun richtige Einstellung nennt man die eingeatmete Weite. Zum Ausatmen läßt man das Zwerchfell einfach wieder nach oben schnellen; zum erneuten Einatmen wiederholt man den gleichen Vorgang.

Variabler Atemdruck (Sängerstütze):

Ein variabler Atemdruck ist notwendig, um die Stimmbänder in jeder Kompressions- und Spannungsphase sauber zu bewegen. Da die Stimmbänder je nach Tonhöhe verschieden spannen und komprimieren, muß die Zwerchfellspannung variabel sein, um jeder Stimmbandspannung (Tonhöhe) den passenden Luftdruck entgegenzusetzen. Dies ist äußerst wichtig, um die je nach Tonhöhe unterschiedlichen Stimmbandschwingungen nicht durch falschen Kehldruck zu gefährden. Wird der passende Luftdruck nämlich nicht geliefert, werden durch Reflexe automatisch unnötige, falsche Muskelgruppen der Kehle als Hilfsmuskeln mit eingeschaltet und verengen die Kehlweite. Dies behindert die Stimmbandschwingungen und auch die Resonanzausnutzung erheblich. Eine dauerhafte Unbalance der Atem- und Stimmbandmuskulatur hat eine Schädigung der Stimmbänder zur Folge. Durch Anspannung des Zwerchfells wird der Brustraum unter Druck gesetzt und verkleinert sich. Die Lunge wird indirekt ausgepreßt. Je besser die Zwerchfellmuskulatur trainiert ist, um so mehr Atemdruck kann erzeugt werden.

Falsche Atmungsart

Die Hochatmung (Brustatmung):

Sie macht sich beim Einatmen durch starkes Schulterheben bemerkbar. Die Vergrößerung des Brustraums und das Füllen der Lunge wird durch Anheben der Rippen und nicht durch Absenken des Zwerchfells erreicht. Die richtige kolbenartige Auspreßfunktion der Luft im Bereich der Bauchmuskulatur und des Zwerchfells kann so nicht genutzt werden, da das Zwerchfell immer in seiner hohen Stellung verbleibt. Um die Luft aber richtig auszupressen, ist ein luftpumpenartiger Mechanismus notwendig. Singen mit der Hochatmung verwendet zur Stützfunktion und zum Erreichen des notwendigen Atemdrucks Muskulaturgruppen des Brust- und Halsbereichs, also einen falschen Hilfsmechanismus. Bei dauerhaft falscher Hochatmung während des Singens ist das notwendige Balanceverhältnis zwischen Atemdruck, Stimmbandspannung und Stimmbandschluß (Kompression) ständig gestört, da für höhere Töne auf Grund der fehlenden Luftauspreßmechanik kein genügend starker Luftdruck erzeugt werden kann. Es besteht die Gefahr, daß die Stimmbandmuskulatur durch ihren ständigen Mehraufwand nachhaltig geschädigt wird.

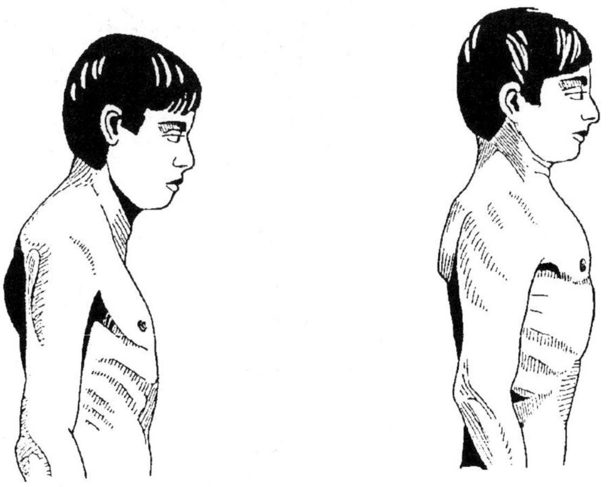

Falsches Einatmen (rechts) mit Anheben des Brustkorbs und der Schultern

Dosierblasen

Die eigentliche Funktion der Tonerzeugung:

Richtiges Atemdosieren beim Singen heißt: Je nach Tonhöhe und somit Stimmbandspannung viel oder wenig Luftdruck erzeugen können. Zum Atemdosieren ist die eingeatmete Weite am Zwerchfell im Rippendreieck zu halten. Das ist ohne Tongebung und Atemführung sehr einfach, da die Luft durch das Abschließen der Stimmbänder gestaut wird (Luft anhalten). Will man nun einen Ton erzeugen, ist der Luftdruck so zu verstärken, daß die geschlossenen Stimmbänder auseinandergedrückt werden und eine periodische Schwingung entsteht. Der Atemdruck muß mit Stimmbandschluß und Stimmbandspannung ein Balanceverhältnis bilden. Zum Atemdosieren spannt sich das Zwerchfell, so daß der Brustraum unter Druck gesetzt wird. Die untere Bauchmuskulatur spannt als Hilfsmuskulatur mit. Es entsteht ein Balanceakt wie bei einer Waage oder Kinderschaukel. Die Bauchdecke im Rippendreieck bleibt außen stehen. Die Anspannung des Zwerchfells, das Nach-Innen-Arbeiten der unteren Bauchmuskulatur und das Außen-Stehenbleiben der oberen Bauchdecke nennt man Atemstütze. Die Bauchdecke über dem Nabel wölbt sich bei höheren Tönen und somit höherem Luftdruck stärker nach außen. Es empfiehlt sich, die Stütze bei höheren Tönen immer etwas vor der eigentlichen Tonproduktion einzustellen, um die Höhe zu erleichtern. Es sei noch erwähnt, daß die Atemführung beim Singen einzelner Töne, Übungen und Phrasen immer ganz gleichmäßig und ausgewogen sein muß. Die jeweilig unterschiedlichen Spannungsverhältnisse der Atemführung bei verschiedenen Tonhöhen dürfen nicht ruckhaft, sondern müssen ganz weich und ökonomisch zustandekommen. Die Stimme sollte während des Gesangs ständig eine spannungsvolle, jedoch elastische Verbindung mit der Atembasis aufrechterhalten.

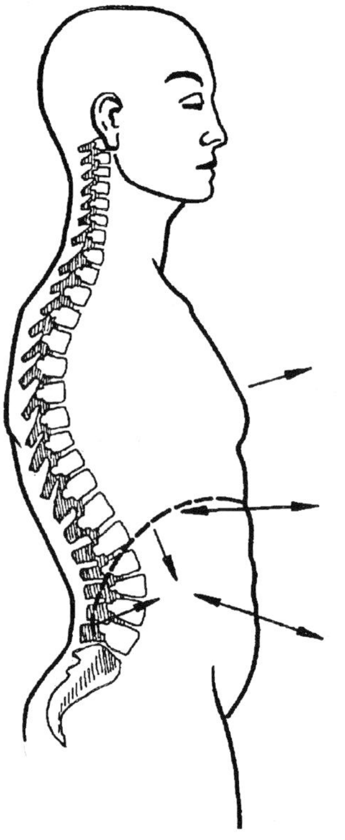

Halte- und Wippbewegung der Aus- und Einatmungsmuskulatur

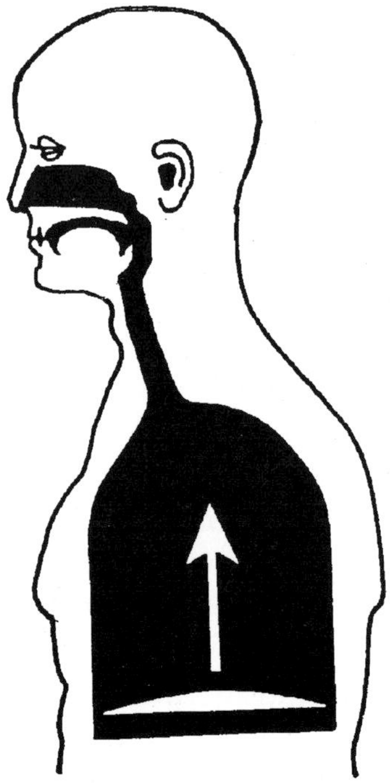

Kolbenartige Luftauspreßfunktion des Zwerchfells

Fehlverhalten der Stützfunktion:

Durch meine tägliche Arbeit mit Gesangsschülern ist mir bei vielen ein Fehlverhalten während des Stützvorgangs aufgefallen. Sie stützen umgekehrt. Das heißt: Die Luft wird nach unten gedrückt, anstatt nach oben zu den Simmbändern. Der Unterbauch drückt nach außen, und der Brustkorb geht nach innen. Die vorher angeführte Wipp- oder Schaukelbewegung wird umgekehrt angewandt.

Spannungs- und Entspannungsphasen der Atemmuskulatur:

Will man während des Gesangs ausreichend Kondition und Durchhaltevermögen erlangen, ist es wichtig, Spannungs- und Entspannungsphasen der Atem- und Stimmbandmuskulatur im richtigen, ausgewogenen Verhältnis anzuwenden. Am Anfang eines Stückes beginnt man mit der Einatmung, einer Entspannungs- oder Abspannungsphase. Die jeweiligen Gesangsphrasen sind gedanklich interpretatorisch getragene muskuläre Spannungsphasen, in welchen der Atem und die Stimmbänder je nach Tonhöhe und Dynamik kontinuierlich ausgeglichen zusammenarbeiten müssen. Nach einer Phrase wird mit einem Entspannen oder Abspannen der Atem- und Stimmbandmuskulatur eingeatmet. Es ist besonders wichtig, den Atem und die gesamte Atemfunktion mit dem Sinn des Textes organisch zu verbinden. Das heißt: Je nach Stimmungslage des zu interpretierenden Textes muß der Atemrhythmus natürlich angepaßt sein. Bei zärtlichem, weichem oder traurigem Textsinn ist auch der Atem in Führung und Einatmung dementsprechend ruhig. Bei lustigem Textsinn müssen Atmung und Atemführung entsprechend aufgelockert gehandhabt werden, ohne jedoch ihre grundsätzliche Ruhe zu verlieren.

Es ist sehr oft feststellbar, daß die Abspannphasen zwischen den einzelnen Phrasen zu ungenau ausgeführt werden und sich die Atem- und Stimmbandmuskulatur des Sängers zu schnell verspannt, was das Singen längerer, exponierterer Stücke erschwert oder verhindert. Jede Muskulatur verspannt und verkrampft sich dann, wenn nach einer Spannung keine Entspannung erfolgt. Man benötigt zum Singen also nur zwei Bewegungen:

Spannen (Atemführung mit Stimmbandschwingung) und Abspannen (Einatmen mit Stimmband- und Zwerchfellentspannung).

Atemübungen

1. Übung:

Ein- und Ausatmung erfolgt auf dem Rücken liegend, ein Buch oder Instrumentenkoffer liegt zur Kontrolle auf dem Bauch. Der Gegenstand soll sich beim Einatmen heben, beim Ausatmen senken. Die korrekte Atmung ist in Rückenlage einfacher durchführbar als stehend, da so eine Hochatmung (Rücken) vermieden wird. Der Schüler ist gezwungen, den Oberbauch richtig zu heben und zu senken.

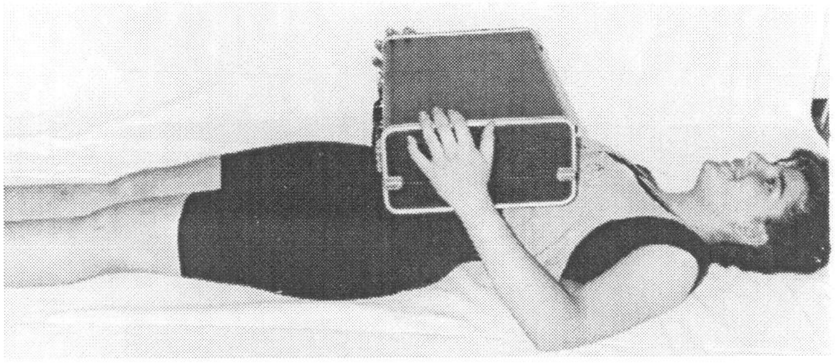

2. Übung:

Ein- und Ausatmung vollzieht sich im Stehen mit dem Rücken an eine Wand gelehnt. Die Füße müssen dazu etwas breitbeinig nach vorne stehen. Die richtige Atemfunktion kann mit den Händen ertastet werden: Man setzt dazu den Daumen der rechten und den der linken Hand jeweils unter den rechten und linken Rippenbogen im Bereich der Flanken. Die Zeigefinger beider Hände versuchen, den Bauch zu umschließen, dürfen sich allerdings vorne nicht ganz berühren. Beim Einatmen müssen sie sich auseinander-, beim Ausatmen zueinander bewegen. Die Schultern dürfen dabei nicht anheben.

3. Übung:

Die Ein- und Ausatmung wird im freien Stand mit korrekter gerader Körperhaltung praktiziert. Die Kontrolle erfolgt mit den Händen wie in Übung Nr. 2 vor einem Spiegel. Die Schultern darf man nicht anheben.

4. Übung:

Der Sänger muß zwischen den Gesangsphrasen in der Lage sein, schnell einzuatmen. Als Training hilft Luftschöpfen mit zurückgezogenem Konsonant "T". Das Zwerchfell schnellt dabei nach unten. Die meisten Schüler werden anfänglich feststellen, daß die richtige Atemfunktion im Stehen nicht funktionieren will. Es ist deshalb ratsam, die korrekte Funktion auf dem Rücken liegend zu erlernen.

Atemdosierübungen

Die nachfolgenden Übungen sind wichtig, um eine gute Flexibilität des Zwerchfells zu erreichen. Es werden das Halten, An - und Abschwellen der Luft eingeübt, was ein dynamisches Singen erfordert. Man atmet vorschriftsmäßig ein und preßt die Luft über einen längeren Zeitraum dosiert durch die komprimierten Lippen heraus. Bei einer Luftverstärkung wird der Mund immer weiter verkleinert, so daß ein größerer Widerstand entsteht, der durch eine stärkere Stütze auszugleichen ist. Durch Trockenübungen ist demnach das richtige Atemdosieren erlernbar. Bei der Tongebung sind diese Vorgänge an den Stimmbändern ganz ähnlich. Die Atemführung muß gleichmäßig und konstant sein, tiefe Töne brauchen weniger, hohe mehr Atemdruck.

1. Übung (liegend):

Die Einatmung erfolgt auf dem Rücken liegend, mit einem Buch oder Instrumentenkoffer zur optischen Kontrolle auf dem Oberbauch. Der Gegenstand hat sich beim Einatmen zu heben. Zum richtigen Dosierblasen schließt man den Mund, eine Kompression entsteht. Das Zwerchfell spannt sich und setzt den Brustraum unter Druck, so daß die Luft durch die komprimierten Lippen ausgepreßt wird. Der Schüler hat darauf zu achten, daß während des Dosierblasvorgangs das Buch oder der Koffer in der Einatmungsstellung verbleibt, der Oberbauch also nicht einsinkt. Bei richtiger Anwendung entsteht die vorher schon angesprochene Wippe. Der Oberbauch steht während des Blasens außen, der Unterbauch arbeitet nach innen. Nach Beendigung der Atemdosierübung schnellt der Bauch durch das Loslassen der Stütze nach unten in seine Ausgangsposition zurück. Liegend ist diese Übung für Anfänger einfacher durchführbar. Die Übung ist mehrere Male zu wiederholen, um einen Trainingseffekt zu erzielen.

2. Übung (stehend):

Der Vorgang ist der gleiche wie liegend, nur ohne Hilfsmittel. Allerdings erfolgt eine manuelle und optische Kontrolle (Hände und Spiegel).

3. Übung (stehend):

Diese Übung ist gut dazu geeignet, eine gleichmäßige Atemführung zu erlernen. Man nimmt ein stimmhaftes "S", das bei Ausführung der Übung nicht flattern darf, es hat ganz gleichmäßig geführt zu klingen. Man wählt sich einen Ton des unteren bis mittleren Bereichs der Tonskala, atmet vorschriftsmäßig ein, stützt und summt den Ton etwa zehn bis fünfzehn Sekunden mit einem stimmhaften "S"; die Luft ist zwischen den Zähnen hörbar. Man kann auch mit dem stimmhaften "S" einen Durdreiklang des unteren Tonbereichs langsam nach oben und wieder nach unten singen. Die Kompression wird durch das Summen an die Stimmbänder verlagert. Während des Summens zieht sich der Unterbauch ein, der Oberbauch bleibt in der Einatmungsstellung stehen. Der Vorgang ist mit den Händen und einem Spiegel zu überwachen. Am Ende der Tonproduktion läßt die Spannung los, das Zwerchfell kann wieder in seine Ausgangsposition zurückfedern. Einige Wiederholungen sind anzuraten.

4. Übung (stehend):

Diese Übung wird wie Übung Nr. 3 praktiziert, mit dem Unterschied, daß das An- und Abschwellen des gesummten Tons geübt wird. Der Einatmungsvorgang erfolgt wie besprochen. Nach dem Stützen summt man mit dynamisch an- und abschwellendem Ton auf "S". Bei dieser Übung muß die Wippbewegung der Ein- und Ausatmungsmuskulatur gut sichtbar sein. Einige Wiederholungen sollen auch hier erfolgen.

5. Übung (stehend):

Beim sogenannten Blätterblasen hält man sich ein DIN-A4-Blatt vor den Mund und bläst mit der richtigen Atem- und Stützfunktion dauerhaft dagegen. Man kann auch versuchen, mit dem Atem ein Blatt Papier an der Wand festzuhalten, ohne daß dieses abrutscht.

6. Übung (stehend):

Die sogenannte Strohhalmoboe ist ein Instrument, mit dem die richtige Atemstütze zu erlernen ist. Ein großer pädagogischer Effekt ist mit ihr erzielbar. Die Herstellung ist einfach. Man braucht einen dicken Cocktailstrohhalm und eine Schere. Den Strohhalm drückt man an einer Seite platt und schneidet rechts und links die Ecken ab, so daß eine Spitze (Pfeil) entsteht. Die Strohhalmoboe funktioniert nur, wenn alle Bereiche der Atmung und Stütze einigermaßen richtig ausgeführt werden. Bei zu fest zusammengedrücktem Mund kann kein Ton entstehen. Das Balanceverhältnis zwischen Atemdruck und Zupreßspannung des Mundes muß genau stimmen. Mit der Strohhalmoboe kann das Halten von Tönen und das damit verbundene kontinuierliche Führen des Atems, An- und Abschwellen (piano und forte) geübt werden. Es ist dauerhaft darauf zu achten, daß die Atmungs- und Stützfunktionen stimmen.

Kompressionsblasübungen

Zur Kräftigung der Atem- und Stützmuskulatur.

Kompressionsblasübungen vollziehen sich mit kurzen Atemstößen, die ausschließlich dazu dienen, die Zwerchfellmuskulatur zu kräftigen. Die atmungsanatomischen Funktionsweisen sind die gleichen wie bei den Dosierblasübungen.

1. Übung (stehend):

Durch die weit geöffnete Nase wird Luft geschöpft. Die Kontrolle erfolgt wieder mit Händen und Spiegel. Der Mund wird zum Kußmund geschlossen, in drei Intervallen (1 - 2 - 3) wird ohne Verkrampfung durch die Nase leicht eingeatmet. Der geschlossene Mund bildet eine Kompression. Die eingeatmete Luft ist mit der Atemstütze in drei Intervallen (1 - 2 - 3) durch den Mund nach außen zu pressen. Durch den entstehenden Widerstand schnellt das Zwerchfell im Bereich des Rippendreiecks bei jedem Intervallstoß heftig nach vorne und federt zwischen den Intervallstößen wieder zurück. Die Spannung wird also zwischen den Luftstößen immer wieder abgebaut. Es entsteht eine sogenannte Schaukelbewegung. Diese Übung macht man am besten einige Minuten vor jedem Einsingen.

2. Übung (liegend):

Zum Hochblasen von Servietten legt sich der Schüler auf den Rücken, über das Gesicht kommt eine Serviette. Er atmet vorschriftsmäßig ein und versucht, sie mit einem kräftigen Atemstoß so hoch wie möglich zu blasen. Beim Atemstoß muß der Oberbauch nach oben schnellen. Das gleiche kann auch mit Tüchern versucht werden.

3. Übung (stehend):

Ein Papierblatt wird mit gestreckten Armen vor das Gesicht gehalten und stoßweise dagegen geblasen.

4. Übung (stehend):

In einem Abstand von etwa 2 Metern bläst man stoßweise gegen eine Fenstergardine, so daß sich diese bewegt.

5. Übung (stehend):

Kerzen werden aus einem Abstand von etwa 50 cm ausgeblasen.

6. Übung (stehend):

Atemstöße mit einem "P" oder "SCH" und Zwerchfellrückreflex im Vierteltonrhythmus. Bei richtiger Handhabung dieser Übung braucht nicht mehr bewußt eingeatmet zu werden.

7. Übung (stehend):

Atemstöße mit "PTK", wobei die Zwerchfellmuskulatur jeweils nach der Konsonantenfolge abzuspannen ist. Auch hier wird durch den Rückreflex des Zwerchfells eingeatmet.

8. Übung (stehend):

Atemstöße mit "Sch" und "S" im Wechsel. Hier wird die Zwerchfellmuskulatur jeweils nach dem "Sch" und nach dem "S" abgespannt und dadurch erneut eingeatmet. Diese Übung kann zuerst langsam, wie ein anfahrender Zug begonnen werden. Die Geschwindigkeit wird nach und nach gesteigert.

Alle genannten Übungen dienen dazu, die beim Atem- und Stützvorgang beteiligten Muskelgruppen aufzuwärmen, zu kräftigen und ihren Bewegungsablauf abzustimmen.

3

Körper-, Atem- und Stimmübungen

für Sänger

Resonanztechnik

Resonanztechnik

Die tiefe und weite Kehle

(Resonanzausnutzung)

Die tief- und weithängende Kehle beschreibt den gesangstechnischen Weg für die Nichtnaturstimme, die aufgrund ihres Kehlhochstandes und dadurch hellen und engen Stimmklangs durch Erlernen der beschriebenen Technik einen runderen und weicheren Stimmklang anstrebt.

Naturstimmphänomene müssen eher an einer Höherstellung der Kehle arbeiten, was im Bereich der Resonanztechnik einer anderen Technik bedarf.

Die Sängerstimme verfügt über 3 verschiedene Register:

1. Brustregister

2. Mittleres Register

3. Oberklang

Die tief- und weithängenden Kehle in Verbindung mit den Stimmbandfunktionen ermöglicht das gleichmäßige, ökonomische Ausnutzen dieser drei Register. Durch tiefes und weites Einstellen der Kehle vergrößert sich der Resonanzraum. Es können das Brustregister und der Oberklang besser ausgenutzt werden.

Das Erreichen der tiefen und weiten Kehle:

Es hilft die Vorstellung, den Hals mit einem leichten Gähnen zu weiten; dabei stellt sich die Kehle tief und weit ein. Man kann nun gleichzeitig durch Nase und Mund einatmen und dabei den Nasenrachenraum bis hinter die Ohren öffnen. Die Einstellung der beiden Luftwege (Nase und Mund) und die damit aufgebaute Weite muß bei der Tongebung und beim Nach-Außen-Strömenlassen des Tons beibehalten werden, so daß nur die Stimmbänder in dieser aufgestellten Weite schließen und nicht die Kehle.

1. Ein Teil der Luft wird hinter dem Gaumensegel über den Nasenrachenraum in die Oberklänge - mit Ausgang durch die weite Nase - geführt. Die Nase muß bei der Tongebung weit geöffnet bleiben, so daß kein nasaler Beiklang entsteht. Es entsteht ein runder und weicher Klang.

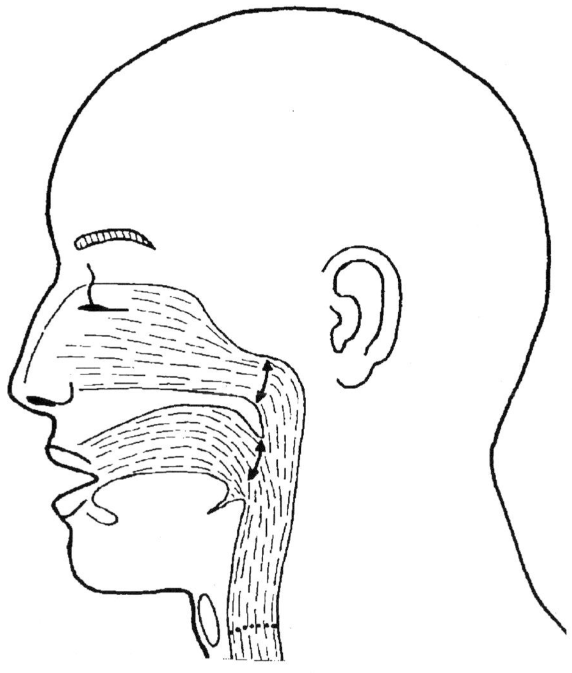

Luft- und Klangmischungsverhältnis zwischen Nase und Mund (Zwei-Wege-Luftmischung)

2. Der andere Teil der Luft nimmt mit dem Brust- und mittleren Register den Ausgang durch den Mund. Es entsteht ein heller, metallischer Klang.

Die Stellung der Kehle entscheidet über die Luft- und somit Klangmischung: Steht sie zu hoch, entweicht prozentual zuviel Luft durch den Mund, der Ton wird flach und eng, hat kein Volumen. Steht sie zu tief, und wird zu wenig Atemdruck gegeben, wird der Weg in den Oberklang zu stark isoliert. Der Ton verliert an Glanz und wird mulmig. Das Gehör muß so gut trainiert werden, daß ein ideales Klangspektrum entsteht. Der häufigste Fehler ist das Führen der Luft auf nur einem Weg durch den Mund (flacher, heller Ton, ohne Volumen). Der Grund ist eine zu hohe Kehle, die meistens auf eine falsche Atemtechnik und hauptsächlich auf die Unfähigkeit zurückzuführen ist, den nachfolgenden Klang genau vorzuplanen, was oft auch durch fehlende Emotion weiter erschwert wird. Erst durch das richtige Erreichen des Oberklangs kann sich das Volumen der Stimme entwickeln.

Die hohe und enge Kehle verführt weiterhin dazu, die Stimme durch falschen Kehlkopfdruck künstlich zu runden; es entsteht der sogenannte "Knödelklang". Diese Art des Singens ist für Berufssänger sehr gefährlich und problematisch, da das notwendige Führen des Atems und Stützen der Stimme nicht von einer großen, starken und gut trainierten Zwerchfellmuskulatur getragen wird, sondern hauptsächlich von einer viel kleineren, schwächeren Halsmuskulatur.

Die Kehle muß sich zur Höhe hin weiten, dadurch wechseln die Stimmbänder automatisch ab der Übergangslage in die Randstimmfunktion (für die Höhe notwendiger Registerwechsel), so daß der Oberklang gut anspricht. Wird die Kehlstellung zur Höhe hin höher und enger, erscheint dieser Registerwechsel nicht automatisch.

Der schmale, ovale Mund:

Der schmale, ovale Mund begünstigt die tief- und weithängende Kehle und hilft, diese zum optimalen Ausnutzen der zwei Luftwege tief einzustellen und während des Gesangs tief zu halten; ein großes Volumen der Stimme ist erreichbar. Falsch wäre für Stimmen mit von Natur aus hellem offenen Stimmklang, den Mund beim Singen zu verbreitern. Die Kehle hebt durch eine Verbreiterung des Mundes an. Der Luftstrom wird somit bei der sogenannten Normalstimme nicht mehr in zwei Wege geteilt; er wird durch den Kehlhochstand zu mundlastig, die Stimme klingt zu hell, offen und eng.

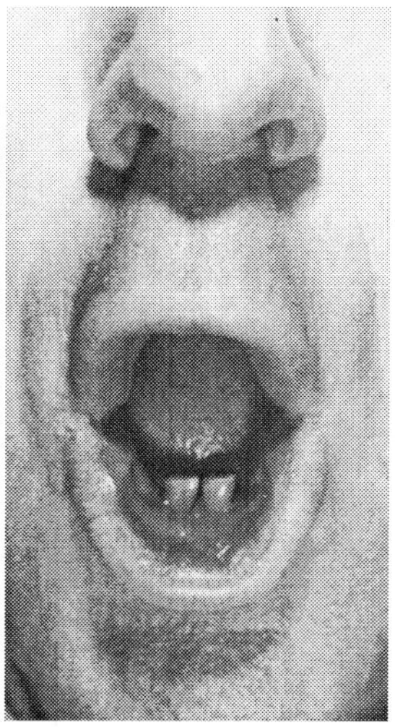

Der Unterschied zwischen schmalem und breitem Mund ist deshalb aufgrund der verschiedenen Kehlstellungen durch erhebliche Klangdifferenzen nachweisbar.

Breiter Mund:

Das Verbreitern des Mundes gilt in erster Linie als gesangstechnischer Weg für Schüler mit zu tief

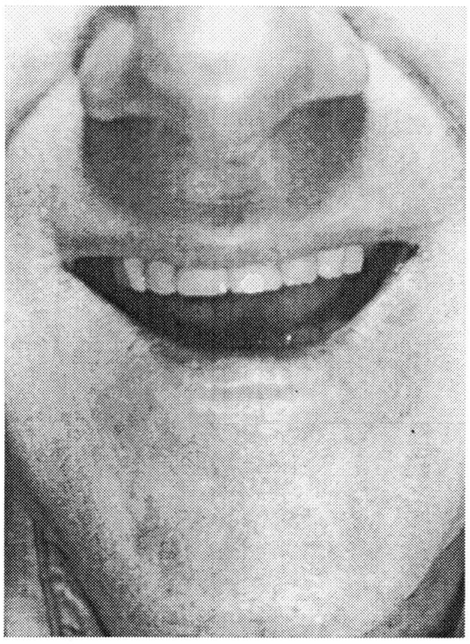

gebauter Kehle (Naturstimmveranlagungen) mit anfangs mulmigem Stimmklang.

Einstellung des schmalen Mundes:

Der Mund ist beim Einatmen durch die weite Nase zum Kußmund spitz zu formen, dabei ist die Weite einzustellen. Die Ecken des Mundes haben einen leichten Zug nach innen, die Unterlippe ist beim schmalen Öffnen des Mundes leicht zu spannen. Das ist bei der Tongebung der sogenannte zweite Stützpunkt. Die Stimme sollte immer einen dominanten Vordersitz haben, was durch leichtes Spannen über die Unterlippe, besonders bei hohen Tönen, immer gewährleistet ist. Sie können nicht nach hinten ausweichen und sich auf die Halsspannung verlagern. Für die Höhe kann man noch die sogenannten "Bäckchen" ein wenig anheben und etwas die Oberzähne zeigen. Dies begünstigt ebenfalls den Vordersitz der Stimme, da die Nase mehr geweitet wird. Es ist darauf zu achten, daß der Mund immer oval bleibt. Um einen guten Vokalausgleich zu erhalten, werden alle Vokale und Worte aus diesem schmalen, ovalen Mund heraus gebildet.

Beispiel:

Beim Singen des Wortes "sagen" gilt: "Sa -- gen". Zweimal den Mund öffnen, auf "Sa" ganz, dann halb zurückfedern und auf "gen" wieder ganz öffnen. Dieses Prinzip wird bei allen Vokalen und Worten im Text angewandt. Besonders schwierig ist das bei den Vokalen "e" und "i", da hier der Mund in die Breite ausweichen will und dadurch die Kehle anhebt. Der Unterkiefer muß ganz weich und locker rauf- und runterfedern.

Körper-, Atem-
und
Stimmübungen

für Sänger

4

Stimmtechnik

Stimmtechnik

An den Stimmbändern wird die eigentliche Grundschwingung erzeugt, die dann mittels einer Luftverwirbelung durch Verstärkung der Obertöne in den Resonanzräumen zu dem individuellen Klang eines jeden Sängers geformt wird. Vergleichbar ist die Stimmbandfunktion mit einem Luftballon, den man aufbläst, unter den Arm nimmt und vorne an der Öffnung in die Breite zieht. Drückt man mit dem Ellenbogen die Luft

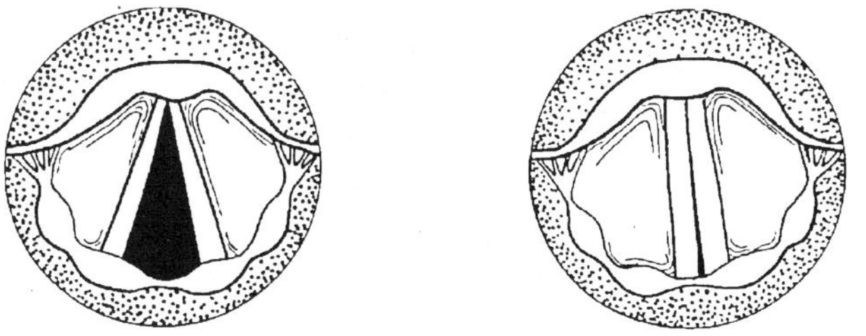

Links: Stimmbänder in Einatmungsstellung (geöffnet)
Rechts: Stimmbänder in Phonationsstellung (geschlossen)

heraus, so entsteht ein Ton. Die Stimmbänder funktionieren ganz ähnlich. Die Stimmbänder sind zwei Muskel, die im Kehlkopf parallel gespannt sind. Sie öffnen sich beim Einatmen und schließen sich vor der Tongebung. Soll nun ein Ton erzeugt werden, so müssen die Stimmbänder von der Einatmungsstellung in die Tongebungsstellung (Phonationsstellung) gebracht werden. Diesen Vorgang übernehmen dafür eigens vorgesehene Muskelgruppen, die unter Umständen bei falschem technischem Singen zu Stützfunktionen der Stimme genutzt werden. An den geschlossenen Stimmbändern wird der aufgebaute Atem mit Druck gestaut. Wenn er den Druck, der durch die Spannung der Stimmbänder bestimmt wird, übersteigt, drückt er diese auseinander. So entsteht ein schmaler Spalt, durch den der Atem mit hohem Tempo beschleunigt wird. Darüber entsteht ein Unterdruck, so daß sich der Luftstrom plötzlich entspannen kann. Der so entstandene Unterdruck und die Elastizität der Stimmbandmuskulatur lassen die Stimmbänder wieder in ihre Ausgangsbasis zurückschlagen. Diese Bewegung ist eine Schwingung. Sie wiederholt sich je nach Tonhöhe. Bei tiefen Tönen weniger, bei höheren häufiger, z. B. beim Kammerton "A" 440 Doppelschwingungen in der Sekunde. Bei diesem Vorgang entsteht der Grundton. Zum idealen

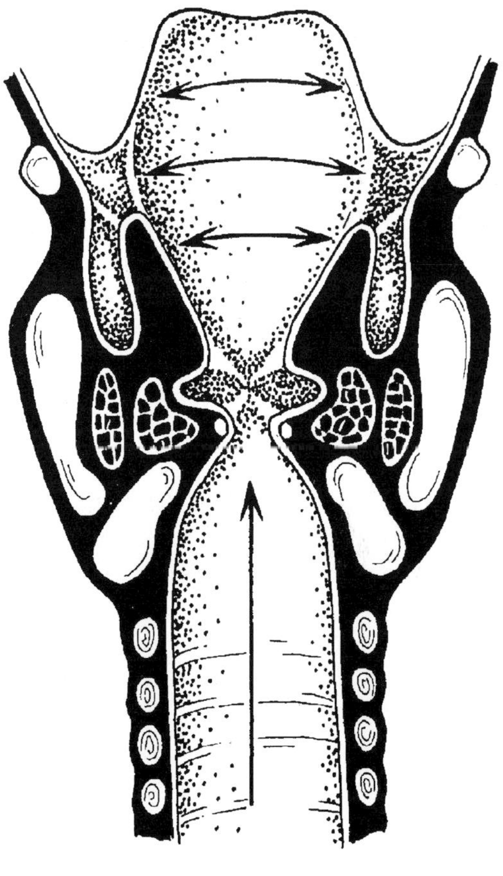

Querschnitt des Kehlkopfes mit Spannungs- und Entspannungsphase der Luft

Singen muß zwischen Luftstrom und Stimmbandschluß ein Balanceverhältnis entstehen. Dies wird erreicht, wenn nicht nur der Luftdruck die Stimmbänder bewegt, sondern diese ihrerseits den Luftstrom modulieren.

Funktionsbereiche der Stimmbänder

Die Stimmbänder kann man in 4 Funktionbereiche einteilen:

1. Die Vollstimmfunktion

2. Die Mittelstimmfunktion

3. Die Randstimmfunktion

4. Die Pfeifstimme

Die unterschiedlichen Vokale begünstigen ihrerseits die verschiedenen Funktionsbereiche der Stimmbänder:

Vollstimmbereich:

"A" und "O", z. B. Sonne (größte Schwungmasse). Der Vokal "O" ist dabei ein Mischvokal zwischen Rand- und Vollstimmfunktion, der aufgrund seiner Funktionscharakteristik sehr gut zur Registermischung genutzt werden kann. (Genaue Übungen im Übungsteil.)

Mittelstimmbereich:

"Ä", "E" und "I" ("I" ist bester Stimmbandschluß).

Übergang zum Randstimmbereich:

"Ö" und "Ü"

Randstimmbereich:

"O" und "U" (am besten zum Einsingen geeignet).

Bei jeglicher Art der Tongebung muß man einen feinen, weichen, leicht verzögerten Randstimmeinsatz benutzen; alle Vokale sind fein und weich mit "O" und "U" gemischt anzusetzen. In allen Stimmlagen ist darauf zu achten, daß der Vollstimmbereich nicht zu stark mitschwingt, sondern immer die Randschwingungen dominieren. Es entstehen Registerverlagerungen. Tiefe Töne nutzen aufgrund geringerer Stimmbandspannungen etwas mehr Vollstimmfunktion und dadurch Brustregister. Höhere Töne aufgrund stärkerer Stimmbandspannungen und geringmassigeren Stimmbandmuskelschwingungen mehr Oberklang.

Weicher Stimmansatz:

Mit einem feinen, weichen, leicht verzögerten Randstimmansatz der Stimmbänder ist ein schonungsvoller, nicht ruckhafter Gebrauch der Stimmbandmuskulatur beim Stimmeinsatz gemeint. Jede Spannung der Muskulatur - und sei sie noch so kraftvoll - muß, um Schäden zu vermeiden, weich angezogen werden. Besonders in der Höhe muß sich der Sänger zu einem weichen, geschmeidigen, leicht verzögerten Stimmansatz erziehen.

Harter Stimmansatz:

Das Gegenteil des weichen, feinen Randstimmeinsatzes ist der harte, ruckhafte Vollstimmeinsatz; dieser ist isoliert zum Singen ungeeignet. Es entstehen dabei die sogenannten Glottisschläge (Glottis = Spalt zwischen den Stimmbändern). Zum richtigen Aufwärmen und guten Durchbluten der Stimmbänder ist es wichtig, beim Einsingen immer mit der feinen Randstimmfunktion und den begünstigenden Vokalen wie "O" und "U" zu beginnen.

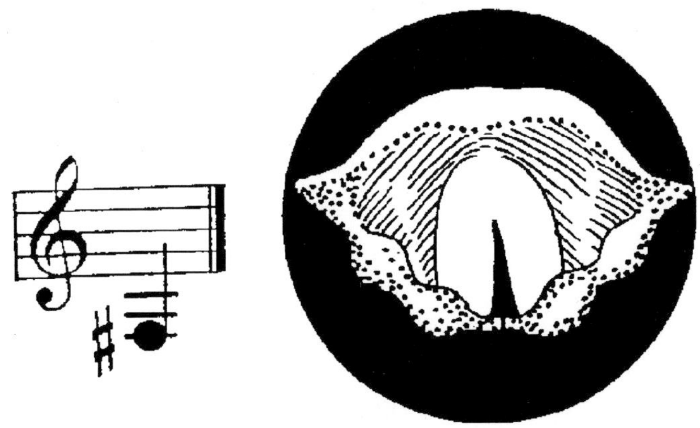

Vollstimmfunktion

(Brustregister)

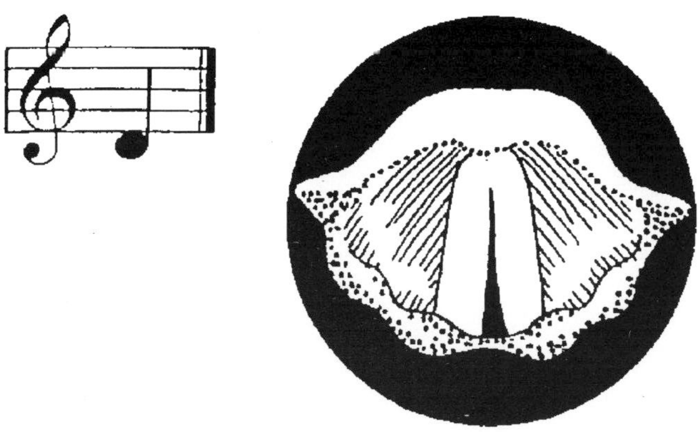

Mittelstimmfunktion

(mittleres Register)

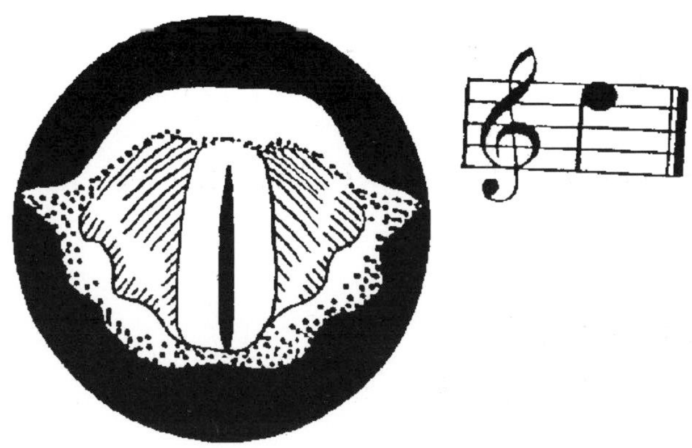

Randstimmfunktion

(Oberklang)

Spannung der Stimmbänder in den Funktionsbereichen Voll- (Brustregister), Mittel- (mittleres Register) und Randstimmfunktion (Oberklang)

Gesangsübungen

Die folgenden Übungen erfüllen nur dann ihren Sinn, wenn ihre Ausführung mit den korrekten Einstellungen des Gesangsapparates einhergeht.

1. Korrekte Haltung (gerade Körperachse).

2. Korrekte Atemtechnik (Zwerchfell-Flankenatmung).

3. Tief- und weithängende Kehle.

4. Feiner, weicher Randstimmeinsatz.

5. Das ökonomische Zusammenarbeiten dieser 4 Bereiche wird am besten durch eine geistig emotionale Vorplanung erreicht.

Die Übungen sollten am Anfang möglichst einfach sein, so daß die Hauptkonzentration auf einzelne Einstellungen des Gesangsapparates erfolgt. Allmähliches An- oder Absteigen der Tonhöhe, singen unterschiedlicher Intervallsprünge und Ausdehnung des Tonskalenumfangs dienen dazu, die Stimmbänder langsam zu dehnen, zu kräftigen und anzuwärmen. Die meisten Übungen sind in rascher Geschwindigkeit auszuführen. So ist vermeidbar, daß falsche Muskelgruppen zupacken, die Stimme klingt frei, der Klang strömt.

Der Anfänger sollte auf keinen Fall ohne regelmäßige Kontrolle eines erfahrenen Lehrers arbeiten; Sicherheit des Ohres und das richtige Körpergefühl fehlen noch. Alle Übungen sind für Sopran notiert, aber auch vom Tenor eine Oktave tiefer anwendbar. Andere Stimmfächer müssen die Übungen jeweils mit ihrem tiefsten Grenzton beginnen. (Also etwa bei Bariton "G" oder "A", bei Baß "E" oder "F", bei Mezzosopran "a"-"b", bei Alt "f'-"a".) Der Stimmumfang sollte bei den ersten Übungen eine Oktave nicht überschreiten, kann jedoch allmählich gesteigert werden.

Die jeweiligen Übungen führen in Halbtonschritten nach oben und genauso wieder zurück bis zum Ausgangspunkt. Eine Spannungs- und Entspannungsphase der Muskulatur wird erreicht.

1. Übungsbeispiel:

Summen auf "m". Diese Übung dient in erster Linie zum Vorfühlen, Einstellen des Gesangsapparates, zum Öffnen und Aufwärmen der Resonanzräume.

Vollzogen wird sie mit leicht geschlossenem Mund, tief- und weithängender Kehle. Man fängt in der Tiefe zu summen an und geht in Halbtonschritten weiter in die Höhe, zu Beginn des Einsingens nur bis zur Oktave, die Stimme fährt dann nicht fest. Die Rückkehr nach unten erfolgt nach der gleichen Vorgehensweise. Das Auf- und Absingen als Prinzip bleibt auch bei späteren Übungen mit anderen Intervallsprüngen bestehen. Es dient dazu, die beim Singen genutzten Muskulaturgruppen wie z. B. Stimmband- und Atemmuskulatur in jeder Tonhöhe optimal auf die unterschiedlichen Spannungsverhältnisse abzustimmen und zu trainieren. Bei zunehmender Höhe muß der Körper dementsprechende Weite suchen.

Richtige Ausführung:

Runder, weicher Klang. Randstimmeinsatz, der beim Höher-Summen nicht heller und enger wird. Alle Resonanzen müssen in jeder Tonhöhe gleich gut geöffnet sein.

Falsche Ausführung:

Scharfer, enger, metallisch gesummter Ton, der zur Höhe hin enger und kleiner wird. Mit zunehmender Höhe verschließen sich die Resonanzräume mehr und mehr.

2. Übungsbeispiel:

Summen auf "ng". Diese Übung dient in erster Linie dazu, den zweiten Luftweg (Nasenluftweg) in den Oberklang vorzufühlen. Sie ist gut geeignet für Schüler, deren Kehle von Natur aus einen hohen Stand hat. Das Luft- und Klangmischungsverhältnis ist bei ihnen zu mundlastig, die Töne klingen zu hell, weiß und offen. Durch die "ng"- Einstellung wird die Kehle abgesenkt und geweitet, so daß sich der zweite Luftweg in den Oberklang öffnet.

Die Übung hat folgenden Ablauf:

Summen mit geöffnetem, schmalem, ovalem Mund. Abschließen des Munddurchgangs mit dem Zungenrücken. Führen von Luft und Ton auf einem Weg (Nasenluftweg) in den Oberklang. Der Stimmumfang beträgt ein bis zwei Töne über eine Oktave. Bei dieser Übung ist die richtige, lockere Kieferöffnung und der schmale, ovale Mund schon mitzubenutzen. Den Kiefer läßt man locker auf- und abfedern, der Mund bleibt schmal und oval, ein Ausweichen in die Breite ist zu vermeiden.

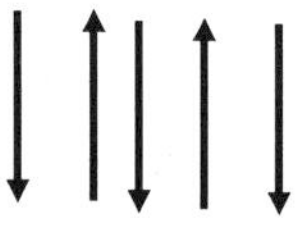

z. B. C D E D C Die Pfeile zeigen das jeweilige Öffnen und Schließen des schmalen Mundes.

Der Summton darf während der Übung nicht unterbrochen werden. Der Zungenrücken muß oben stehenbleiben und den Munddurchgang abschließen. Man kann bei dieser Übung das Federn des Unterkiefers üben, da dieser eine derartige Bewegung später auch bei Vokalen oder Text zu machen hat.

Richtige Ausführung:

(Wie in Übung Nr. eins.) Es darf kein Vokalklang zu hören sein.

Nach den Summübungen werden die ersten Vokale erzeugt.

3. Übungsbeispiel:

Vokalbildung aus "ng" (Resonanzausgleichsübung). Diese Übung hilft, ein ideales Luft- und somit Klangmischungsverhältnis (Klangspektrum) der Vokale zu finden; sie ist eine Ergänzung zur zweiten Übung. Ideales Klangspektrum heißt, daß die Stimme rund, weich, metallisch und brillant zugleich, also in zwei Klangspektren klingt (Nasenluftweg, Mundluftweg).

Die Ausführung erfolgt folgendermaßen:

Vorsummen auf "ng" (Nasenluftweg) wie in Übung Nr. zwei mit zusätzlicher Vokalbildung durch den Mund (Mundluftweg). Öffnen des schmalen, ovalen Mundes zur Vokalproduktion, den Zungenrücken mit herunternehmen. Der Mundluftweg wird zusätzlich frei, der Vokal entsteht im richtigen Klangmischungsverhältnis.

Beispiel:

"ngu", "nge", "nga" oder

"ngo", "ngi", "ngo" = offen / wie Sonne oder

"ngö", "ngü", "ngä"

Übungen mit anderen Vokalgruppen werden genauso ausgeführt. Man darf Tönen in höherer Lage nicht mit dem Körper nachsteigen, sondern muß tiefer denken; sie sollen ganz leicht (gleichsam von selbst) entstehen. Die Töne müssen schweben und dürfen nicht gedrückt sein. Die Stütze hat den Atem wie beim Dosierblasen zu steuern. Der Tonumfang kann bis zum oberen Übergang gewählt werden.

Richtige Ausführung:

Die Vokale müssen aus "ng" gebildet werden. Jeder Vokal muß die schmale, ovale Mundform und die gleiche Registermischung haben.

Als Merkhilfe sei zusammengefaßt:

Bei "nge" und "ngi" darf der Mund nicht in die Breite ausweichen, da die Vokale andernfalls nicht mehr die Klangmischung der drei Register haben, sondern nur noch im mittleren Register klingen. Jeder Vokal soll den gleichen runden Klang haben und die Funktion der Vokale "U" oder "O" beinhalten (Randstimmfunktion).

Falsche Ausführung:

Es erfolgt ein Nachgeben der Stimmbandfunktionsbereiche, z. B. bei "nge" in die Mittelstimmfunktion und bei "nga" in die Vollstimmfunktion.

4. Übungsbeispiel:

Vokalausgleichsübung mit Hilfe von "ngu". Sinn der Übung ist es, alle Vokale dominant in der Randstimmfunktion zu bilden und dadurch gleiche Registermischung, Klangfarbe und Stimmsitz zu erhalten. Für den Anfänger ist es wichtig, einen geeigneten Anfangsvokal zum Egalisieren der anderen zu finden. Hierbei muß das geschulte Ohr des Lehrers behilflich sein, denjenigen Vokal zu finden, der beim Schüler das ideale Klangmischungsverhältnis besitzt und somit an alle anderen angepaßt werden kann. Man setzt den optimalen Vokal an den Anfang einer Übung und läßt ein bis zwei andere Vokale aus verschiedenen Stimmfunktionsbereichen folgen.

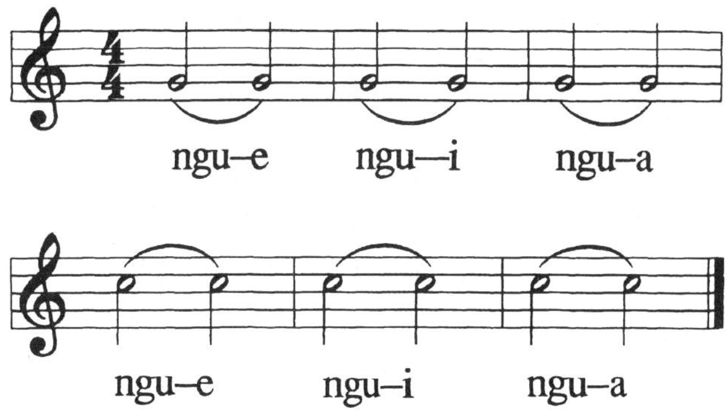

Beispiel:

"ngue", "ngui", "ngua" oder "nguä", "nguö", "nguo" usw.

Alle Vokale müssen in verschiedenen Tonhöhen durchgearbeitet werden, wobei immer der am besten geeignete am Anfang steht. Das "U" als Randstimmvokal in der Mitte der Übung gewährleistet, daß die nachfolgenden Vokale, z. B. "E", "I" oder "A" alle dominant in der Randstimmfunktion gebildet werden und hauptsächlich im Oberklang klingen.

Richtige Ausführung:

Alle gesungenen Vokale klingen spektral gleich, also in der Randstimmfunktion und somit im Oberklang.

Falsche Ausführung:

Der Sänger gibt beim Singen der unterschiedlichen Vokale deren natürlichen Schwingungsbereichen am Stimmband nach; so hat jeder Vokal eine andere Stimmbandfunktion und Registermischung.

5. Übungsbeispiel:

Vokalbildung mit Hilfe der Konsonanten "n" und "m" (Stimmsitzübung).

Diese Übung sollten in erster Linie Sänger mit zu tief stehender Kehle anwenden. Bei ihnen wird das Klang- und Luftmischungsverhältnis spektral zu stark in den Oberklang gemischt. Ihre Stimmen klingen deshalb zu hohl und mulmig. Es hilft, ein "n" oder "m" vor den Vokalen zu benutzen, um den Vordersitz der Stimme durch das bessere Schwingen der Knochenmassen (wie Oberzahnreihe und harter Gaumen) vorzufühlen. Demzufolge wird der Mundluftweg prozentual stärker ausgenutzt, die Stimme bekommt mehr Brillanz und einen metallisch durchschlagenden Klang.

Beispiel:

"nu", "ne", "na" oder "no", "ni", "no" = offen wie Sonne.

"mä", "mü", "ma" oder "mö", "me", "ma" usw.

Zwischen den Konsonanten "n" und "m" besteht der Unterschied, daß der Stimmsitz durch ein "n" schmaler und ein "m" etwas breiter wird.

Richtige Ausführung:

Die Töne klingen alle im richtigen Klangspektrum (rund und weich, brillant und metallisch). Der Unterkiefer muß beweglich auf und ab federn.

Falsche Ausführung:

Die Stimme klingt zu hell und flach. Der Atem wird zu stark in die vordere Position geschoben, die Kehle hebt an und verengt.

6. Übungsbeispiel:

Zwei Randstimmbandfunktionsübungen mit den Vokalen "U" und "A". Diese beiden Übungen sind sehr gut geeignet, das technische Vermögen des Sängers zu testen. Die erste Übung wird als Tonleiter-, die zweite als Glissandoübung ausgeführt.

Richtige Ausführung:

Vom Vokal "U" nach "A" darf kein Registerwechsel und Klangbruch hörbar sein. Dies ist nicht ganz einfach, da der Vokal "U" ein Randstimm- und der Vokal "A" ein Vollstimmvokal ist. Der Schüler muß für "A" die Randstimmfunktion beibehalten.

Falsche Ausführung:

Der Schüler singt "U" in der Randstimmfunktion und "A" in der Vollstimmfunktion. Bei falscher Ausführung der Übung ist ein deutlicher Klangwechsel von "U" nach "A" hörbar.

7. Übungsbeispiel:

Verschiedene Worte. Die Übungen mit verschiedenen Worten und Vokalen dienen als Vorbereitung zum Singen von Literatur. Am besten singt man verschiedene Worte mit Vokalen auf den jeweiligen Stimmfunktionsbereichen hintereinander.

Beispiel:

Seele, Sonne, sagen oder Jubel, Welten, Töne usw.

Es sind Worte mit allen vorhandenen Vokalen zu wählen. Der Phantasie sind hier keine Grenzen gesetzt. Sämtliche in dieser Ausarbeitung angeführten Notenbeispiele können verwendet werden. Mehrsilbige Worte enthalten möglichst viele Vokale und Konsonanten.

Beispiel:

entgegen, entsagen, Maria usw.

Zu merken ist:

Bei allen Wortübungen ist darauf zu achten, daß die Endsilben "e", "en", "ben" oder "el" usw. wie Vokale gebildet werden und den runden Klang und schmalen Mund behalten.

Die Übungen sollten für Anfänger möglichst einfach sein, damit sich der Schüler besser auf die körper- und stimmanatomischen Funktionsweisen konzentrieren kann. Hat der Schüler mit der Zeit mehr Erfahrung, können auch schwierigere Notenbeispiele gewählt werden.

8. Übungsbeispiel:

Stimmbandschlußübung mit "mio" oder "nio", "o" = offen. Diese Übung ist in erster Linie für Frauenstimmen geeignet, da deren Stimmbänder oft nicht vollständig schließen und ein kleines Dreieck im Stimmbandschluß die Töne ein wenig überluftet. Mit der folgenden Übung ist auf Dauer Abhilfe zu schaffen. Auch bei Männerstimmen kann es vorkommen, daß die Stimmbänder aus unerklärlichen Gründen nicht schließen. Auch sie können den Stimmbandschluß verbessern, jedoch nur, wenn die Überluftung der Stimme nicht von einer offensichtlichen Überanstrengung herrührt. In einem solchen Falle wäre Schonung zu empfehlen.

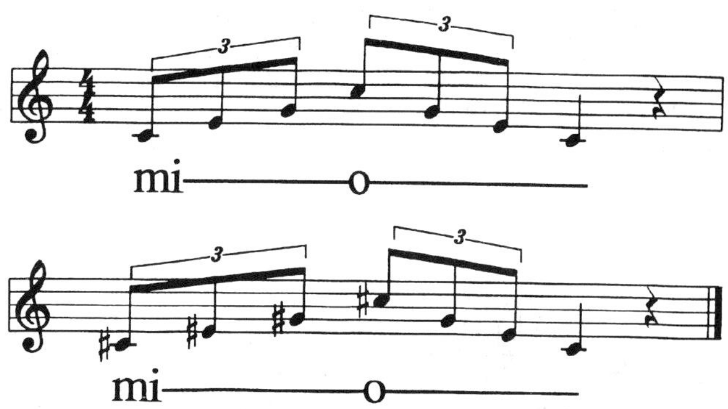

Der Vokal "i" bringt den besten Stimmbandschluß. Damit sich die Kehle während dieser Übung nicht verengt, wird der Vokal "o" (offen) als Gegensatz hinzugenommen; "o" begünstigt die größte Kehlweite.

Richtige Ausführung:

Der Vokal "I" muß schon so viel Kehlweite haben, daß beim Erklingen von "O" kein Klangbruch und Registerwechsel hörbar ist.

Falsche Ausführung:

Der Vokal "I" wird oft zu eng eingestellt, das nachfolgende "O" plötzlich weit geöffnet. Es entsteht von "I" nach "O" ein Klang- und Registerbruch. Diese Übung ist sehr gut geeignet, die technischen Fähigkeiten des Sängers zu testen.

9. Übungsbeispiel:

Kehlöffnungsübung mit "mom", "o" = offen. Diese Übung eignet sich für Sänger, deren Stimme zu eng klingt. Der enge Klang entsteht durch das Zuschnüren der Kehle, so daß die nötige Weite des Körpers verlorengeht. Meist ist hierfür eine unzureichende Atemtechnik mitverantwortlich. In diesem Fall wird die Stimme überwiegend von der Halsmuskulatur gestützt. Wählt man für diese Übung eine schnelle Geschwindigkeit, so kann zusätzlich noch das Loslassen des Klangs geübt werden.

10. Übungsbeispiel:

Tonsprungübung mit "Jo" oder "Ja", "o" = offen. Diese Übung ist sehr gut geeignet, Tonsprünge zu üben. Je nach Tonhöhe sind die unterschiedlichen Spannungen im atem- und stimmbandmuskulären Bereich sowie die dazugehörigen Resonanz- und Weiteverhältnisse besser steuer- und kontrollierbar. Schüler mit der Neigung eines zu offenen und flachen Singens (hohe Kehle) verwenden am besten das "Jo", wobei in diesem Falle speziell noch auf den schmalen, ovalen Mund zu achten ist. Schüler mit mulmigem Klang (zu tiefe Kehle) eher "Ja". Man übt zuerst Quintsprünge und dann Oktavsprünge. Von tieferen bis zu höheren Tönen ist anfänglich am besten, ein nach unten gedachtes, aber nach oben gleitendes Glissando zu praktizieren.

11. Übungsbeispiel:

Bildung kleiner Sätze.

Beispiel:

"Guter Mond, ach wie so schön" usw. Man kann selbst kleine Sätze bilden, der Phantasie sind keine Grenzen gesetzt.

Weitere Übungen:

Die nachfolgenden Notenbeispiele können summend, auf Vokale, Worte oder kleine Sätze ausgeführt werden.

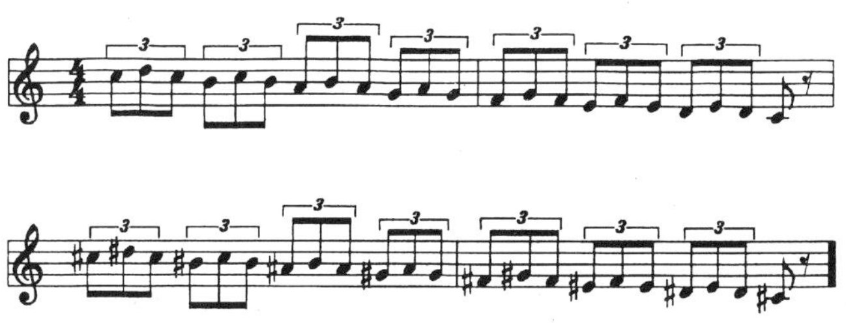

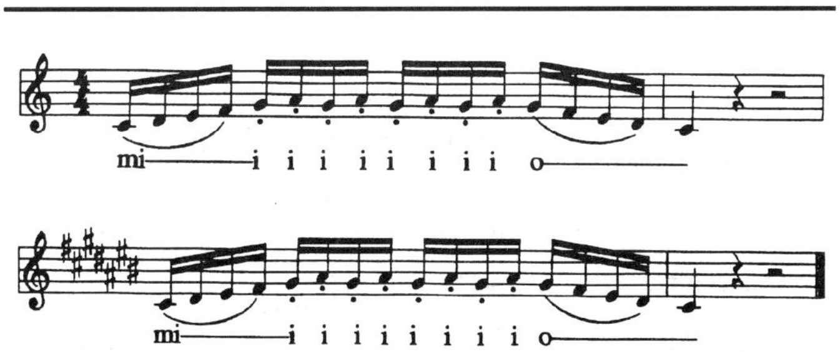

Bei allen Übungen mit nach oben steigenden Tönen ist stetig nach unten und auseinander zu denken. Einem Höhersteigen und Verengen der Kehle ist durch eine genaue Gegenbewegung vorzubeugen.

Weiterhin ist zu beachten, daß Töne bei zunehmender Höhe mehr Luft und Stütze brauchen. Dies erklärt sich durch die ansteigende Spannung der Stimmbänder bei höheren Tönen. Der Luftstrom muß in zwei Wege geführt werden (Nase, Mund), damit der Oberklang nicht verlorengeht.

Als erfahrener Sänger kann man schwierigere Übungen wählen, etwa mit mehr Geschwindigkeit oder in der Höhe ansetzen und Übungen nach unten singen. Zu denken wäre des weiteren an Oktavsprünge; sie bilden eine gute Übung für die Einregisterstimme. Als geschulter Sänger sollte man sie ohne großen Aufwand singen können.

Die behandelten Themen sowie die dazugehörigen Übungen sollen dazu beitragen, die Körperhaltung, Atem- und Gesangstechnik zu verbessern. Ein hoher technischer Standard soll das Ziel sein.

Es sei abschließend nochmals darauf hingewiesen, daß alle besprochenen Übungen nur dann einen Sinn haben, wenn sie unter der Kontrolle eines wissenden Gesangspädagogen mit den korrekten Funktionen ausgeführt werden.

Interpretation

Bevor ein Sänger interpretieren kann, muß er den Interpretationsmechanismus des Gesangs verstehen. Er muß wissen, wie er ein Stück diesbezüglich einstudiert und was mit dem Wort Interpretation gemeint ist.

1. Lesen des Textes und gedankliches Erfassen des Textsinns.

2. Verarbeitung des Textinhaltes mit Hilfe unserer Sinne (sehen, hören, riechen, schmecken), durch geistigen Zugriff auf allgemein im Gehirn gespeicherte Eindrücke.

3. Verarbeitung dieser Eindrücke in Bezug auf den Textsinn mit der Gefühlswelt (Psyche).

4. Ausdruck dieser Gefühle durch das Medium Stimme. Die unterschiedlichen Klangfarben und Stimmungen während des Gesangs sollten den psychisch verarbeiteten Textsinn widerspiegeln.

Eine Interpretation ist weiterhin sehr stark abhängig vom Stil der Epoche, dem Komponisten und dem Gefühl des Sängers. Hat ein Interpret eine gewisse technische Basis und mit der Zeit ein gutes Körper- und Hörempfinden zum Einstellen des Gesangsapparates entwickelt, kann er allmählich - je nach technischer Sicherheit - Gefühle in seine Interpretation hineinlegen. Ein erfahrener Lehrer wird dem Schüler die verschiedenen Unterschiede demonstrieren und deren genaue Ausführung überwachen. Bei der Interpretation sind verschiedene Ansichten und Freiheiten erlaubt. Diese dürfen jedoch die grundsätzlichen Richtlinien und Gesetze der einzelnen Stilepochen sowie Vorschriften der Komponisten nicht allzusehr verlassen. Beim Vortrag eines Stückes ist es für den Sänger eine Hilfe, den Sinn des Textes zu ergründen (wie ein Schauspieler), um diesen zum Ausdruck zu bringen. Für die richtige Interpretation des Schülers ist primär die Erfahrung des Lehrers wichtig, der genau zu demonstrieren vermag, wie einzelne Stilepochen und Komponisten zu gestalten sind. Allmählich kann dann der Schüler eigene Gefühle formen und entwickeln.

D'APRÈS

JIM DAVIS

GARFIELD & Cie

15. Les Tribulations d'un Chat en Chine

DARGAUD

PARIS • BARCELONE • BRUXELLES • LAUSANNE • LONDRES • MONTREAL • NEW YORK • STUTTGART

Garfield & Cie
Une production DARGAUD MEDIA
en association avec France 3,
avec la participation du
Centre national de la cinématographie,
et avec le soutien de la région Île-de-France.

Une série développée par
Philippe Vidal, Robert Réa & Stève Balissat.

D'après les personnages créés par Jim Davis.
Albums publiés chez Dargaud.

Histoire de Julien Magnat (*Les tribulations d'un chat en Chine*).

Adaptation : Cédric Michiels.

www.garfield-et-cie.com
www.bandgee.com
www.dargaud.com

PREMIÈRE ÉDITION

« Loi n° 49-956 du 16 juillet 1949
sur les publications destinées à la jeunesse. »
Dépôt légal : novembre 2013 • ISBN 978-2205-07155-9
Imprimé et relié en Belgique par Proost.

GARFIELD & Cie
LES TRIBULATIONS D'UN CHAT EN CHINE
AAAAH ! J'AI BIEN DORMI !
JE SENS QU'AUJOURD'HUI VA ÊTRE UNE BONNE JOURNÉE.
SALUT, GARFIELD !
AAAAAAAH
??!
BONJOUR, GARFIELD. TON AMI NERMAL VA PASSER TOUT L'ÉTÉ À LA MAISON, J'ESPÈRE QUE TU ES CONTENT.
C'EST HORRIBLE !
ADIEU LA BONNE JOURNÉE, ADIEU L'ÉTÉ.

DÉSOLÉ, NERMAL, C'EST UNE MESURE D'EXTRÊME URGENCE.
BOUM
MIAOUILLE !
LAISSE-MOI SORTIR D'ICI !
NE BOUGE PAS, JE REVIENS TOUT DE SUITE AVEC DU RUBAN ADHÉSIF.
TU VEUX JOUER À LA BALLE, ODIE ?
WAF !
HOP !
POM
WAF !
BOUM
WAF ?

SORS-NOUS DE LÀ, GARFIELD !
C'EST VRAIMENT PAS DRÔLE !
ET VOILÀ !
HUMFFF ! T'ES BIEN LOURD POUR UN SI PETIT CHATON !
SURTOUT N'OUBLIE PAS DE M'ENVOYER UNE CARTE POSTALE ! HIHIHIHIHI !
GARFIELD !
VROOOUM
MAINTENANT, JE VAIS POUVOIR FAIRE MA SIESTE BIEN AU CALME.
IL A DISPARU ALORS QUE JE JOUAIS À LA BALLE AVEC LUI.
GARFIELD, TU N'AS PAS VU ODIE ?
??!
JE SAIS OÙ IL EST !
JE COMPRENDS POURQUOI CE CARTON ÉTAIT SI LOURD !

VROOOOOUM
STOOOP !
IL Y A QUELQU'UN QUE JE VEUX RÉCUPÉRER DANS CE COLIS !
ARRÊTEZ !
OUTCH !
BLENG
VITE ! IL N'Y A PAS DE TEMPS À PERDRE !
ATTENDEZ !

UH
UH
UH
UH
OÙ ÊTES-VOUS ?
WAF WAF !
WAF !
VITE, IL FAUT...
WAF !
OUI, MOI AUSSI JE SUIS CONTENT DE TE VOIR !
TU VAS AVOIR DE TRÈS GROS ENNUIS, GARFIELD ! JE VAIS T'APPRENDRE À ME RESPECTER ! OÙ AS-TU VOULU M'ENVOYER ?
MESDAMES ET MESSIEURS, ATTENTION AU DÉCOLLAGE.
VVVVZZZZZT
EN CHINE !

ON A ATTERRI ! RÉVEILLEZ-VOUS, LES GARS !
ODIE, OÙ EST NERMAL ?
WAF WAF ?
JE L'AI TROUVÉ ! IL DORT DANS CETTE VALISE.
ZZZZZZZ
ZZZZZZZ

ON PEUT DIRE QU'IL A LE SOMMEIL PROFOND !
ZZZZZZZ
NOUS Y VOILÀ. BIENVENUE EN CHINE !
ALERTE !
LES ANIMAUX SANS LAISSE SONT INTERDITS DANS L'AÉROPORT.
?
FICHONS LE CAMP D'ICI !
MONSIEUR L'AGENT, CETTE MÉDAILLE S'EST DÉTACHÉE DU COLLIER DU CHIEN JAUNE.
IL Y A LE TÉLÉPHONE DU PROPRIÉTAIRE DESSUS.
JE VAIS LE CONTACTER.

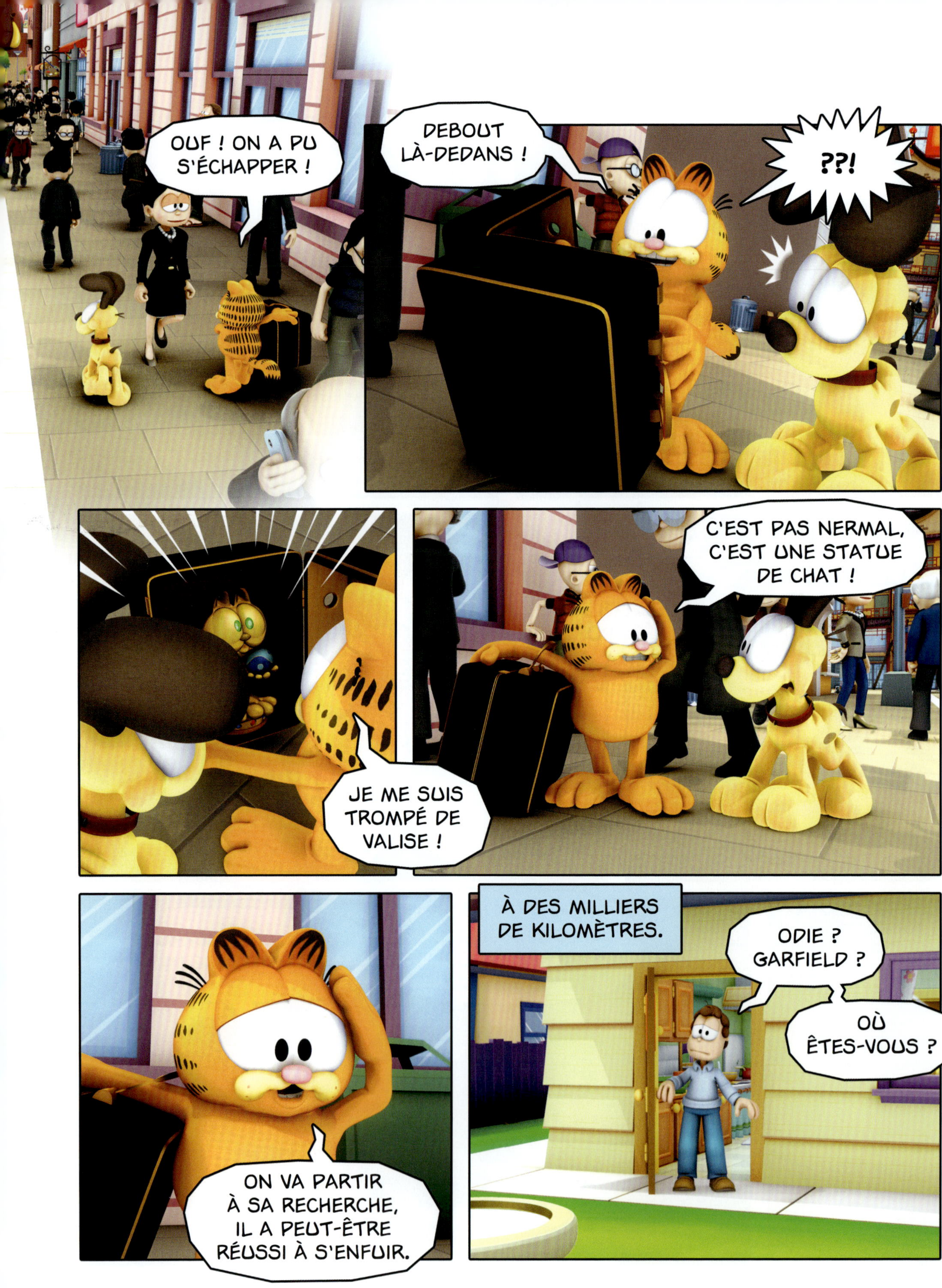
OUF ! ON A PU S'ÉCHAPPER !
DEBOUT LÀ-DEDANS !
??!
C'EST PAS NERMAL, C'EST UNE STATUE DE CHAT !
JE ME SUIS TROMPÉ DE VALISE !
ON VA PARTIR À SA RECHERCHE, IL A PEUT-ÊTRE RÉUSSI À S'ENFUIR.
À DES MILLIERS DE KILOMÈTRES.
ODIE ? GARFIELD ?
OÙ ÊTES-VOUS ?

SHANGHAI
ENTRE, VOLDO !
JE COMMENÇAIS À M'IMPATIENTER.
VOILÀ VOTRE STATUE, MADEMOISELLE BELLA.
JE VIENS TOUT JUSTE DE LA VOLER AU MUSÉE NATIONAL.
LA STATUE DU CHAT DORÉ EST ENFIN À MOI !
??!
UN CHATON ? TU TE MOQUES DE MOI, VOLDO ?
NE PAS BOUGER.
JE SUIS TRÈS MÉCONTENTE ! OÙ EST MON CHAT DORÉ ?
HEIN ? MAIS... JE ME SUIS PEUT-ÊTRE TROMPÉ DE BAGAGE À L'AÉROPORT ?
JE VAIS TOUT DE SUITE MENER UNE ENQUÊTE. GARDONS CE CHATON, IL SAIT PEUT-ÊTRE QUELQUE CHOSE !
LÂCHEZ-MOI !

PAS DE TRACE DE NERMAL. JE NE SENS PLUS MES PATTES ET JE MEURS DE FAIM.
MMH ! ÇA A L'AIR TRÈS APPÉTISSANT !
ALLEZ-VOUS-EN. JE N'AI PAS LE DROIT DE NOURRIR LES ANIMAUX ERRANTS.
ODIE, ON LUI FAIT LES YEUX DE COCKER.

COMMENT S'APPELLE NOTRE BIENFAITEUR ?
DINGBANG. VOUS, VOUS AVEZ L'AIR D'AIMER LES NOUILLES CHINOISES.
AAAAH ! C'ÉTAIT DÉLICIEUX ! JE SUIS RASSASIÉ !
ET POUR TE REMERCIER, NOUS T'OFFRONS...
... CETTE MAGNIFIQUE STATUE DE CHAT !
WAHOU ! ELLE A L'AIR D'AVOIR DE LA VALEUR.
IL Y A JUSTEMENT UN ANTIQUAIRE À DEUX RUES D'ICI. PEUT-ÊTRE QU'IL POURRA NOUS EN DIRE PLUS.
VENEZ !

NON, JE N'AI PAS VU GARFIELD, ODIE OU NERMAL DANS LE QUARTIER.
TULULU TULULU
ALLÔ ?
VOUS AVEZ VU MON CHAT ET MON CHIEN ? OÙ ÊTES-VOUS ?
EN CHINE ?!
BIENVENUE DANS CE VOL À DESTINATION DE SHANGHAI.
COMMENT VAIS-JE RÉUSSIR À LES RETROUVER DANS CETTE VILLE IMMENSE...
DEUX ANIMAUX ONT MIS LA PAGAILLE DANS L'AÉROPORT DE SHANGHAI.
ILS ONT EMPORTÉ UNE VALISE DE LA RICHISSIME BELLA BELLISSIMA
ELLE A PROMIS UNE RÉCOMPENSE À CELUI QUI LA TROUVERA...
CE SONT EUX !
CE SONT MES ANIMAUX !
IL FAUT QUE J'AILLE VOIR CETTE BELLA, ELLE SAIT PEUT-ÊTRE OÙ LES TROUVER.

JE N'EN CROIS PAS MON ŒIL !
CETTE STATUETTE DOIT AVOIR AU MOINS DEUX MILLE ANS.
VRAIMENT ?!
SI L'ON SE RÉFÈRE AUX TRADITIONS CHINOISES, KANG BAO LONG EST LE GARDIEN DES TRÉSORS CACHÉS.
LA STATUE DU CHAT DORÉ MÈNE À LA CAVERNE SOUTERRAINE OÙ KANG BAO LONG GARDE SON PRÉCIEUX TRÉSOR : LE PLUS GRAND DIAMANT DE TOUS LES TEMPS.
MAIS CE N'EST QU'UNE LÉGENDE.
JE CONNAIS UNE FEMME COMPLÈTEMENT EXCENTRIQUE QUI PAIERAIT CETTE STATUE À PRIX D'OR.
JE T'EN OFFRE DIX MILLE.

WAHOU ! ELLE VAUT TOUT ÇA !
DÉSOLÉ, ELLE N'EST PAS À VENDRE.
VENEZ LES AMIS.
?
GRRR ! ZUT !
BONSOIR, JE SAIS QUI A VOTRE CHAT DORÉ.
MAIS CETTE INFORMATION A UN PRIX.
PARLEZ ET VOUS SEREZ RICHEMENT RÉCOMPENSÉ.
CETTE STATUE EST UN TRÉSOR NATIONAL.
SA PLACE EST DANS UN MUSÉE OÙ LES GENS POURRONT VENIR L'ADMIRER.

MAIS PAS SUR LES ÉTAGÈRES POUSSIÉREUSES D'UN AVIDE COLLECTIONNEUR D'ART QUI...
?!
VROOAAMÎÎÎÎÎÎÎÎÎÎÎ
PLAF
MIAOUILLE !
NERMAL ?!
GARFIELD !
TU M'AS ABANDONNÉ À L'AÉROPORT ET UNE FEMME COMPLÈTEMENT MALADE M'A CAPTURÉ EN CROYANT QUE JE SAVAIS OÙ ÉTAIT SON CHAT.
JE VEUX RENTRER CHEZ MOI, ILS SONT DINGUES, ICI !
VENEZ, ALLONS DISCUTER AU RESTAURANT.
HEU, JE SUPPOSE QUE CE CHATON EST UN AMI ?
JUSTE UNE PETITE CORRECTION : NERMAL N'EST PAS VRAIMENT UN AMI.
GARFIELD, TU NE ME RESPECTES PAS.
C'EST COMME ÇA QUE TU MONTRES LA JOIE DE ME RETROUVER ?
C'EST UNE CHANCE QU'ELLE M'AIT LIBÉRÉ DANS LA RUE OÙ VOUS PASSIEZ.
QUELLE MALCHANCE !

??!
LE CLAIR DE LUNE SE REFLÈTE DANS LES YEUX DE LA STATUE.
IL Y A AUSSI UNE INSCRIPTION : "LA PREMIÈRE MOITIÉ DE LA CLÉ DU TRÉSOR DE KANG BAO LONG. EST CACHÉE DANS LES ANCIENS JARDINS DE SUJO".
ELLE PROJETTE UNE IMAGE DE TÊTE DE TIGRE, ÇA VEUT DIRE QUOI ?
DEMAIN, NOUS IRONS CHERCHER CETTE CLÉ !
UNE CARTE AU TRÉSOR !
JE SENS QU'ON VA BIEN S'AMUSER !
KSSIIII
KSSS

LES JARDINS DE SUJO ONT ÉTÉ CRÉÉS POUR CÉLÉBRER L'HARMONIE ENTRE LES ARTS, LA NATURE ET L'ESPRIT.
OÙ ELLE EST, LA CLÉ DU TRÉSOR DE MACHINTRUCMUCHE ?
C'EST GRAND !
IL FAUT CHERCHER.
HÉ ! REGARDEZ PAR ICI.
CE SONT LES MÊMES STATUES QUE LA NÔTRE.
ON DIRAIT QU'IL EN MANQUE UNE AU MILIEU,
C'EST PEUT-ÊTRE SA PLACE ?

??!
UN COMPARTIMENT SECRET !
CLIC
C'EST UN MÉDAILLON.
IL EST ÉCRIT QUE C'EST LA MOITIÉ DE LA CLÉ QUI SERT À OUVRIR LA CAVERNE DU TRÉSOR DE KANG BAO LONG.
L'AUTRE MOITIÉ DU MÉDAILLON SE TROUVE AU TEMPLE DU MONT KIN SHAN !
EN ROUTE POUR L'AVENTURE !
EST-CE QU'ON PEUT MANGER AVANT ?
HI HI HI ! TU ES UN VRAI GOURMAND, TOI !
KSSIIII
KSSS

ET VOILÀ, VOUS Y ÊTES.
C'EST LE TEMPLE TOUT LÀ-HAUT.
QUELLE CHANCE DE VOUS AVOIR RENCONTRÉ, SANS VOTRE AIDE ON SERAIT PERDU.
BON COURAGE POUR LA SUITE ! SALUT !
AU REVOIR ET MERCI !
J'EN PEUX PLUS ! QUAND EST-CE QU'ON MANGE ?
ALLEZ, PLUS QUE QUELQUES MÈTRES.
VOICI LE TEMPLE.
IL Y A UN PETIT BONHOMME ASSIS SUR UN PILIER !

EXCUSEZ-MOI, MONSIEUR.
NOUS SOMMES À LA RECHERCHE D'UN OBJET.
SAVEZ-VOUS OÙ NOUS POUVONS TROUVER L'AUTRE MOITIÉ DE CE MÉDAILLON ?
TAC
EH BIEN, IL SE TROUVE QUE JE L'AI.
JE VOUS LE REMETTRAI À UNE SEULE CONDITION :
QUE VOUS APPRENIEZ AVEC MOI LE KUNG-FU.

LE KUNG-FU PEUT SE DIVISER EN CINQ TECHNIQUES DE COMBAT INSPIRÉES PAR CERTAINS ANIMAUX DE L'ASTROLOGIE CHINOISE.
SI VOUS MAÎTRISEZ CES CINQ TECHNIQUES, VOUS POURREZ ACCOMPLIR TOUT CE QUE VOUS DÉSIREREZ.
MAIS D'ABORD, VOUS DEVEZ AQUÉRIR LES BASES.
ET NE PAS OUBLIER LA MÉDITATION.
VOUS ÊTES PRÊTS POUR LE PREMIER EXERCICE ?
PRÊTS !
BRISEZ CE TRONC D'ARBRE !
MOI D'ABORD !
AYAAA
MIAOUILLE ! JE ME SUIS CASSÉ UN ONGLE !
À MOI !
AYAAAAAAAAAAAA
KRAC
BIEN JOUÉ.

MERCI POUR CE DÎNER. ET AUSSI POUR VOS COURS.
COMBIEN DE TEMPS FAUDRA-T-IL ATTENDRE POUR ÊTRE DIGNE DE RECEVOIR L'AUTRE MOITIÉ DU MÉDAILLON ?
JE VOUS AI BIEN OBSERVÉS.
À PART DINGBANG, VOUS ÊTES TOUS SUPER NULS EN KUNG-FU.
EN REVANCHE, VOUS AVEZ DU CŒUR ET VOUS SAVEZ VOUS FAIRE DE VRAIS AMIS.
C'EST POURQUOI VOUS MÉRITEZ DE RECEVOIR LE MÉDAILLON.
MERCI !
ON A LA CLÉ COMPLÈTE DU TRÉSOR DE KANG BAO LONG.
CLIC

D'APRÈS LA LÉGENDE,
IL NE FAUT SURTOUT PAS REGARDER DANS L'ŒIL DU DRAGON.
IL A VAINCU DES ARMÉES ENTIÈRES.
?
REGARDEZ ! LA STATUE PROJETTE À NOUVEAU L'IMAGE !
J'AI COMPRIS CE QUE REPRÉSENTE LE TIGRE.
C'EST LE NOM D'UNE VALLÉE PRÈS DE PÉKIN. SUR LA GRANDE MURAILLE DE CHINE !
LE TRÉSOR EST ICI !
EN ROUTE, MES AMIS !
BONNE CHANCE, INNOCENTS ÉTRANGERS.
MERCI POUR VOS CONSEILS, VIEUX MAÎTRE.
KSS////
KSSS

SHANGHAI
EUH, EXCUSEZ-MOI.
JE CHERCHE BELLA BELLISSIMA.
JE SUIS LE MAÎTRE DU CHIEN ET DU CHAT QUI ONT PRIS VOTRE VALISE.
EST-CE QUE VOUS AVEZ DES NOUVELLES ?
VOUS TOMBEZ BIEN ! CES CHATS ET CE CHIEN... ILS COMPTENT BEAUCOUP POUR VOUS ?
BIEN SÛR !
VENEZ ! ILS DOIVENT TENIR BEAUCOUP À VOUS.
OH OUI !
ENTREZ DANS CETTE PIÈCE.
BLAM
IL NOUS SERA TRÈS UTILE SI CES ANIMAUX REFUSENT DE COOPÉRER.
BAM BAM BAM
LAISSEZ-MOI SORTIR !
PATRONNE, J'AI REPÉRÉ LE SIGNAL GPS PROVENANT DES COLLIERS DES SIAMOIS.
ILS SE DIRIGENT VERS LE MONT KIN SHAN.
BIP
BIP
ALLONS-Y !

ADMIREZ LA GRANDE MURAILLE DE CHINE.
D'APRÈS LA CARTE, LA CAVERNE SECRÈTE DOIT ÊTRE TOUT PRÈS D'ICI.
ODIE A TROUVÉ QUELQUE CHOSE.
SNIF SNIF
WAF !
C'EST LA PORTE D'ENTRÉE !
CLIC
IL Y A UN ESPACE POUR METTRE LE MÉDAILLON.
WAAAAAOUU ! C'EST OUVERT !
AAAAAH ! REMONTEZ-MOI ! PITIÉÉÉÉÉ !
JON ?
AIDEZ-MOI À TROUVER LE TRÉSOR OU VOUS NE REVERREZ PLUS JAMAIS VOTRE MAÎTRE.
TRÈS BIEN, NOUS VOUS AIDERONS MAIS NE LUI FAITES PAS DE MAL !

IL FAUDRA M'EXPLIQUER COMMENT ON EST ARRIVÉS DANS CETTE SITUATION.
DÉPÊCHEZ-VOUS !
QU'EST-CE QU'ON CHERCHE, AU JUSTE ?
LE TRÉSOR DE KANG BAO LONG. SELON NOS LÉGENDES ANCESTRALES, C'EST UN DRAGON FÉROCE QUI GARDE UN TRÉSOR CACHÉ GIGANTESQUE.
?
UNE SALLE AVEC DES RAYONS DE LUMIÈRE.
NE RESTEZ PAS PLANTÉS LÀ ! AVANCEZ !
ATTENTION, IL NE FAUT PAS COUPER LES RAYONS.
QU'EST-CE QUE C'EST ?
C'EST UNE PORTE AVEC LES DOUZE SIGNES DU ZODIAQUE CHINOIS !
ILS SONT MAL PLACÉS, IL FAUT LES REMETTRE DANS L'ORDRE.
ICI LE BUFFLE PUIS LE TIGRE.
??!

LE TRÉSOR DE KANG BAO LONG !
JE SUIS LA PLUS RICHE !
WAHOU ! CES STATUES ONT L'AIR TELLEMENT RÉELLES...
C'EST MAGNIFIQUE !
REGARDEZ ! L'ŒIL DU DRAGON, C'EST LE DIAMANT LÉGENDAIRE !
IL ME LE FAUT ABSOLUMENT ! VOLDO, VIENS M'AIDER.

ATTENTION, IL BRILLE !
LE VIEUX MAÎTRE NOUS A DIT DE NE PAS REGARDER DROIT DANS L'ŒIL DU DRAGON.
FERMEZ TOUS LES YEUX !
MON DIAMANT... IL EST TELLEMENT BEAU...
FLASH
PFFIUUUU
LA LUMIÈRE S'EST ARRÊTÉE !
REGARDEZ LÀ-HAUT !

KKRRRRRRRRRRRRRRRRRRRRRR
ILS ONT ÉTÉ TRANSFORMÉS EN STATUE.
??!
C'EST QUOI CE BRUIT ?
UN TREMBLEMENT DE TERRE ?
LA GROTTE S'EFFONDRE !
COUREZ !
IL FAUT VITE SORTIR D'ICI !
DÉPÊCHEZ !
OUF ! SAUVÉS DE JUSTESSE !
CETTE FOIS, LES PORTES SE REFERMENT À JAMAIS !
DINGBANG, MERCI D'AVOIR PRIS SOIN DE MES ANIMAUX.
ET SI ON ALLAIT MANGER DES NOUILLES POUR FÊTER NOS RETROUVAILLES ?
KOF KOF !
KOF !
KOF !
BLING
DES PIÈCES APPARTENANT AU TRÉSOR !
ELLES SONT INESTIMABLES, JE VAIS LES DONNER À UN MUSÉE.

DINGBANG VA ME MANQUER. C'EST UN GENTIL GARÇON ET ON S'EST BIEN AMUSÉS EN CHINE.
EH BIEN, LEURS NOUILLES SONT DÉLICIEUSES. MAIS J'ESPÈRE NE PLUS JAMAIS AVOIR À ENDURER UNE TELLE AVENTURE !
PAS MOI !
TU M'AS ENVOYÉ EN CHINE PAR LA POSTE,
TU M'AS ABANDONNÉ À L'AÉROPORT,
TU M'AS...
JE TE PRÉSENTE MES EXCUSES.
WAHOU ! C'EST LA PREMIÈRE FOIS QUE TU T'EXCUSES.
C'EST BIEN GARFIELD ! TU COMMENCES À FAIRE DES PROGRÈS AVEC MOI !
TU AS COMPRIS QUE LE RESPECT, C'EST IMPORTANT.
ODIE, RAPPELLE-MOI QUAND ON ARRIVE À DESTINATION,
J'AI UN PAQUET À FAIRE ENVOYER PAR AVION AU PÔLE NORD.
FIN

8-10 ans
GARFIELD
& Cie
CHAT EXISTE
AUSSI EN ROMAN
DANS La BIBLIOTHÈQUE rose
D'après Jim Davis
GARFIELD
& Cie
UNE FAIM
DE FURET
LA BIBLIOTHÈQUE rose
© Paws. All rights reserved.
L'ATTAQUE DES LASAGNES
ODIE EST AMOUREUX
C'EST LE MONDE À L'ENVERS !
PIZZAS EN DANGER !
QUI VEUT LA PEAU DE POOKY ?
TOUT EST BON DANS LE DINDON !
LA CHASSE EST OUVERTE !
UN ESPION SUR LE DOS
ATTENTION CHAT FANTÔME !
MYSTÈRE ET BOULE DE POILS
ARGENT, GLOIRE ET PIZZAS
S.O.S. SOURIS EN DÉTRESSE !
La BIBLIOTHÈQUE rose
www.bibliotheque-rose.com
le site de tes héros préférés !